U0101700

古文苑卷之四

楊雄賦三首

漢書楊雄字子雲以為辭莫麗於相如作四賦本傳所載廿泉河東長楊羽獵四賦是也藝文志雜賦類又有雄賦十二篇此三賦蓋在十二篇中

太玄賦　逐貧賦　蜀都賦

太玄賦

子雲以為經莫深於易故作太玄以擬之言其理微妙極於幽玄也此賦推太玄之理以保性命之真西京雜記云楊雄作太玄夢白鳳凰集其上

觀大易之損益兮易有損益二卦說卦云損益盛衰之始也覽老氏之倚伏老子道德經福兮禍所伏禍兮福所倚省憂喜之共門兮

察吉凶之同域賈誼服賦憂喜聚門吉凶同域省亦察也曒曒著乎日月兮何俗聖之暗燭世俗昧此理惟聖見之甚明豈愒一作怙寵以冒災兮將噬臍之不及若飄風不終朝兮驟雨不終日老子語雷隆隆一作隱非而輒息兮火猶音酉熾而速滅自夫物有盛衰兮況人事之所極奚貪婪於富貴兮迄喪躬而危族雄作解嘲云炎炎者滅隆隆者絕觀雷觀火為盈為實天收其聲地藏其熱高明之家鬼瞰其室攫拏者亡默默者存位極者宗危自守者身全是故知玄知默守道之極豐盈禍所棲兮名譽怨所集薰以芳而致燒兮膏含肥而見爇漢書龔勝傳薰以香自燒膏以明自銷爇與焫同而悅反翠羽媺而殃身兮蚌

含珠而擘裂（因物以譬人媺古美字）聖作兴（一作禮）以濟時
兮驅蒸民而入甲（一作用入甲謂納諸法令之中）張仁義以爲
綱兮懷忠貞以矯俗指尊選以誘世兮疾身歿
而名滅（以爵禄尊選誘天下故世俗貪名）豈若師由聃兮執玄
靜於中谷（由許由聃老子也老氏貴玄靜以自處虛下為谷其書所謂谷神不死為天下谷是也）納僞禄於江淮兮（二神仙江淮其得道處僞於乾反又音偃）
揖松喬於華岳（赤松子王喬亦神仙常往來華岳漢武帝起集靈宮於華山下）
（輿以招之）升崑崙以散髮兮踞弱水以濯足（崑崙山河源所出在毵中弱水在流沙之西）
朝發軔於流沙兮夕翱翔乎碣
石（流沙在燉煌西碣石在東海傍）忽萬里而一頓兮過列仙以

託宿役青要與承戈（一作弋）兮（青要承戈所謂玉女也充吾役使）
舞馮夷以作樂（馮夷河伯之字）聽素女之清聲兮（素女黃帝時人鼓五十絃瑟）
觀宓妃之妙曲（宓妃洛水之神女宓與伏字同）茹芝
英以禦餓兮飲玉醴以解渴排閶闔以窺天庭
兮騎騂騩以蜘蟵（閶闔天門騂騩即八駿中赤驥也）載羨門與
儷游兮（碣石上仙人羨門高儷偕也）永覽周乎八極亂曰甘
餌含毒難數嘗兮（傳曰厚味腊毒數色角反）麟而可羈近犬
羊兮（賈誼賦使麒麟可係而羈兮豈云異夫犬羊）鸞鳳高翔戾青雲
兮不掛網羅固足珍兮（戾至也詩云鳶飛戾天漢書不絓聖人之網絓與掛同）
斯錯位極離大戮兮（李斯嘗錯位至三公卒受誅戮離與罹同）延

子慕清葬魚腹兮屈原曰舉世皆濁我獨清赴湘流葬於江魚之腹中遂自沈汨羅伯姬曜名焚厥身兮宋伯姬遇灾待傅姆不至為火所焚春秋賢之孤竹二子餓首山兮夷齊高節餓死首陽斷跡屬婁何足稱兮伍子胥忠諫吳王賜之屬婁之劍自剄而死婁史記作鏤録于反辟斯數子智若淵兮辟讀作譬數子智如淵深終不得其死我異於此執太玄兮蕩然肆志不拘攣兮

逐貧賦

子雲自序云不汲汲於富貴不戚戚於貧賤家產不過十金乏無儋石之儲晏如也此賦以文為戲耳

揚子遁世離俗獨處無隣崇山右接曠野鄰垣乞兒終貧且窶禮薄義弊相與羣聚惆悵失志呼貧與語汝在六極書洪範六極二曰貧投棄荒遐好為庸卒刑戮是加匪惟幼稚嬉戲土砂居非近隣接屋連家恩輕毛羽義薄輕羅進不由德退不受呵久為滯客其意謂何人皆文繡余褐不完人皆稻粱我獨藜飧貧無寶玩何以接歡宗室之燕為樂不槃徒行負賃一作笈出處易衣身服百役手足胼胝或耘或耔露體霑肌朋友道絕進宦凌遲厥咎安在職汝為之舍汝遠竄崑崙之顛爾復我隨翰飛戾天舍爾登山巖穴隱藏

爾復我隨陟彼高岡捨爾入海汎彼栢舟爾復
我隨載沈載浮我行爾動我靜爾休豈無他人
從我何求今汝去矣勿復久留貧曰唯唯主人
見逐多言益嗤貧謙辭以對心有所懷願得盡辭昔
我乃祖宣其明德身心潔白不事曖昧克佐帝堯誓為典
則土階茅茨匪彫匪飾堯以儉示天下土階三尺茅茨不翦采椽不斲
爰及世季縱其昬惑饕餮之羣[illegible]者得左傳縉雲
氏有不才子貪于飲食冒于貨賄天下謂之饕餮羣言其多鄙我先人乃傲
乃驕瑤臺瓊榭室屋崇高流酒爲池積肉爲崤
桀紂為瑤臺瓊室傾宮鹿臺酒池肉林崤山名是用鵠逝不踐其朝貧言
後世貪驕乃遠適如鴻鵠之高舉劉向新序田饒謂魯哀公曰臣將去君而鴻鵠舉矣三
省吾身謂予無諐處君之家福祿如山忘我大
德思我小愆堪寒能讀作耐暑少而習馬寒暑不
忒等壽神仙桀跖不顧貪類不干跖盜跖也富則桀跖垂涎
貧則貪類不顧人皆重蔽富盛者周護以防寇盜子獨露居人皆
怵惕子獨無虞既壽而安所謂福祿如山也言辭既罄色厲
目張攝齊而興降階下堂誓將去汝適彼首陽
孤竹二子與我連行貧之理直故色厲目張翩然而去將與夷齊偕行乎
郎反伍也余乃避席辭謝不直請不貳過聞義則服
長與汝居終無厭極貧遂不去與我遊息

蜀都賦　楊雄

周書牧誓及庸蜀羌髳微盧彭濮人孔安國註羌在西蜀蜀髳微在巴蜀盧彭在西北庸濮在江漢之南楊雄蜀王紀秦惠王滅蜀使張若與張儀築成都城按蜀即漢之蜀郡也成都又為三蜀之都會故稱蜀都

蜀都之地古曰梁州禹貢華陽黑水惟梁州至武帝元封五年改梁州為益州蜀郡隸馬按唐虞時州各有牧梁脩貢賦或謂秦時蜀始通中國其說是非禹治其江渟皐彌望禹道江以除水害自岷山始渟水所潴也皐水際隄岸也鬱乎青葱沃壄千里諸葛亮說先主曰益州險塞沃野千里壄古野字上稽乾度則井絡儲精河圖括地象曰岷山之地上為井絡帝以會昌神以建福言東井主蜀分野岷山上應天象其精諸為井星之維絡下按地紀則巛宮奠位易說卦註坤西南方之卦也又曰天地定位蜀居地之西南故於九宮為坤宮巛古坤字奠定也東有巴賨綿亘百濮山海經云西南有巴國春秋時巴師侵鄾其地在漢為巴郡應劭風俗通曰巴有賨人鄾勇高祖為漢王時募取以定三秦賨音悰古國名始祖巴氏子其後子孫布列巴中地為黔中郡百濮夷名即書所謂濮人百言族類之多左傳文十六年百濮離居各欲走其邑銅梁金堂銅梁山在宕渠縣金堂山在新都縣水通巴漢火井龍湫張華博物志臨邛火井昔時人以竹木投取火諸葛丞相往視之後火轉盛熱湫潭也巴東有澤人謂神龍宅其中左思蜀都賦潛龍蟠於沮澤其中則有玉石嶜岑其中總言蜀地之內所有禹貢梁州厥貢璆鐵砮磬璆美玉砮矢鏃磬樂器皆石之精堅者嶜士林反岑音吟嶜岑高峻皃言玉石所產如山丹青玲瓏丹丹砂青碧石擣汰之得青綠畫家用之李斯上書蜀之丹青又本草有曾青

空青並出越巂丹砂出符陵山後漢郡國志涪陵出丹是也玲瓏層出之狀邛節桃
枝邛地有竹中實而高節桃枝竹八角皆可作杖武帝因邛杖開西南夷石鱛水
螭䱜鱛魚名李奇上林賦注周洛曰鮪蜀曰䱜鱛石鱛猶石燕石蜥之類䱜音恒鱛音曾又
並去声説文曰螭山神獸形水螭水中怪獸蜀守李冰嘗沈石犀以禦水怪南則有
犍牂潛夷昆明我眉絶限峎嵣堪巖亶翔犍居言反
牂音臧犍為本夜郎故地牂柯江亦屬夜郎漢武帝遣唐蒙等通巴蜀置犍為牂柯二郡潛夷
潛上之夷禹貢沱潛既道和夷底績昆明亦夷也見漢書西南夷傳我眉山在犍為郡南安縣
西兩山相對狀如蛾眉其山高峻絶限疆域峎嵣山俗謂為螳螂山在朱提縣西南堪巖言山
形之窈深翾翔言山勢之飛舞峎嵣音郎堂堪與嵌同亶即翾字許延反飛也朱提音殊匙
靈山揭其右離碓被其東靈關山在成都西南漢壽界離堆江沱間

堆皁名史記秦蜀守李冰鑿離碓避沫水之害碓古堆字於近則有瑕英菌
芝玉石江珠皆石之比珠王者菌芝石芝也華陽國志有光珠宂博物志曰光珠
即江珠也又云琥珀一名江珠遠則有銀鉛錫碧馬犀象僰郡國
志漢中郡錫縣有錫益州律高石室山出錫監町山出銀鉛越巂郡涂東山出碧亦王類有元
馬祠民牧馬山下或産駿駒云元馬子也僰道有僰人山海經岷山其下多犀象西有
鹽泉鐵冶橘林銅陵鹽泉鹽井也鐵冶銅陵産銅鐵處漢書貨殖傳卓氏
公擅山川銅鐵上爭王者之利左思賦家有鹽泉之井戶有橘柚之園邛連盧池
澹漫波淪邛即邛字西南夷傳邛都縣有邛池南人以為邛河注邛河縱横二十里
深百餘丈汶山郡西有比池盧水胡連言地勢聯屬盧池黑水也禹貢注梁州西距黑水其
旁則有期牛兕旄郭璞山海經注蜀山中有大牛肉重數千斤名曰夔牛期

夔声相近兕如水牛角在額上古人以為爵謂之兕觵施牛尾可為旗金馬碧雞
後漢西南夷傳越嶲郡青蛉縣禺同山有碧雞金馬光景時出見注金形似馬碧形似雞漢宣
帝嘗使王褒祠其神北則有岷山江源所出外羌白馬羌名氏類也後
為武都郡獸則麙羊說文山羊而大者細角胡兔反野麋說文鹿屬武悲反
罷犛音疲貍上林賦注犛牛色黑出西南徼外羆猛獸書如虎如羆貘貒音陌湍說
文作貊似熊而黃黑色出蜀中廣韻貒似豕而肥麢麡音領餘說文似鹿而大麈
麝鹿之有香者戶豹郭璞方言注昈文采皃昈音戶古字通用能黃說文能獸
名堅中而彊壯奴登反左傳鮌死其神化為黃能奴來反獑胡音說乎上林賦注似獼猴
頭上有髦蜼玃上林賦作蜼玃註蜼羊水反似獮猴卬鼻而長尾玃似獼而大猨蠝
音畾蠝鼯鼠也狀如兔而鼠尾玃猱上林賦作玃猱猴屬猶豰音谷說文猶玃屬豰

似羊出蜀北囂山中犬首而馬尾畢方山海經有鳥一足赤文青質而白喙名曰畢方
淮南子木生畢方注木之精也狀如烏青色赤脚豈獸類邪尒乃蒼山隱天
岎汾崯吟廻叢增嶃鋤御嶃嵒反重崒[illegible]也含反石巉
藏崔摧[illegible]授[illegible]進嶵罪嵬隗霜雪終夏叩巖岑
嶙蒼蒼之山其高隱天重陰涸寒氷雪長夏不峋叩之巖崔其声岑嶙然南中志曰雲南縣
西髙山相連涸陰沍寒雖五月暑不熱廣志曰五月雪霜皓然盛崇隆臨柴猶積
聚也柴音漬諸徼崼峴五矶參差徼古弔反所以巡防諸羌其處非一
崼峴音堤業不齊貌五矶山名一山而五東在越嶲當犍為南安縣之南湔山巖巖
觀上岑嵓龍昜纍嶢湔山湔水所出一名玉壘山出壁玉在成都西北觀
上龍陽皆山名漼桀交倚嶉崪崛崎集嶮脇施形精出

偈堪嶆當隱倚堪嶆字與嵌同嶆音嵁嶆皆衆山奇怪之形彭門嶋峴

都安縣有兩山相對立如闕号彭門嶋峴音篾籠⿰山刑戶巠反⿰山彡魚蹇反嵑渴山

峒方彼碑池注上林賦陂池貏豸旁頹相連皃⿰山軋軋⿰山加伽轕嶰

轕苦葛反嶰胡買反礫乎岳岳揔言衆山森列爭高峻之狀北屬崑崙

泰極涌泉醴凝水流津㶟集成川屬聯屬也岷山而北聯絹

屬崑崙山崑崙在西域羌中其山最高視之為極尊故稱泰極黃河之源出於北東注蒲昌海

凝注為大澤廣袤三百里其水亭居冬夏不增減潛行地下南出於積石為中國河㶟謂滲㶟

涾行集謂會合衆流也於是乎則左沉犁右羌庭漢武帝時以莋

都為沈犁郡右諸羌猶未屬漢漆水浡其匈都江漂其涇漆恐當作

沫音昧說文曰沫水出蜀西塞外東南入江浡其匈謂涌其前也漆沮二水出岐山屬雍州都

江本沱水東流過成都謂之都江水涇猶經也詩鳧鷖在涇乃溢乎通溝洪

濤溶洗千溪萬谷合流逆折泌筆瀄櫛乎爭降

湖潧與溱同音排碣反波逆濞水暴至声⿰石尞石洌巘紛蔆

同溥旋溺宽綏頹慚水觸石抵山則波濤洄洪舟行人旋溺而死者究綏

頹而生者慚博岸敵呷猝瀨磴巖摚瞠汾汾忽溶闛

湯沛踰窘出限連混陁隧陁隧猶限域也錠釘鍾涌聲

讙薄泙砰龍音聾歷豐隆潛延延雷扶電擊鴻閗

康濭磕遠遠乎長喻馳山下卒若土卒之衆馳山而下言迅疾

也湍降疾流分川並注合乎江州江州縣名在巴郡衆水至

此而會合於木則楩鼻縣反櫟歷豫章巨不樹榜彭又去声檜

櫖閭櫖樿之善反郭璞山海經注樿木白理中櫛音善柙甲木香青稚隹周
梓枌梧櫄美木中車材櫪歷㯕斯楢由柔木木櫻即以松柏
有刺枒魚嫁戉賒二切信楫叢俊幹湊集枇疾貲反無齊相替反枇木
名木揄属枎吉穴反楬竭比軋沇樘達郎五康二切椅於宜反梓属
從風推參循崖撤摟撤即撮字摟奴委相摩擊也涇湰溶繽
紛紉靡紉讀作紛紛靡深密也汎閟野望芒芒菲菲言衆木繁
茂其竹則鍾龍箊篂野篠紛㘑戴凱之竹譜曰龍鍾竹名伶倫
吹以為律箊刀叶反篂音謹皮白如霜大者宜為篙篠出魯郡山堪為笙宋玉笛賦見奇篠異
幹宗生族攢俊茂豐芙洪溶忿薈紛揚橚倚輿
風披夾江緣山尋卒而起結根才業填衍迥野

若此者方乎數十百里方數十里以至百里蓋言竹之富於汜
淺水蕩也則汪汪漾漾積土崇隄其淺濕則生蒼葭
蔣蒲藿芋青蘋草葉蓮藕茱華菱根蔣菰也藿芋根有實
如小栗可食草葉藻也蘋藻以供祭祀之菹茱華芙蕖也其實蓮其根藕菱根可為茱茹其
中則有翡翠鴛鴦裊鸕鶿鷺皆水鳥名䨥鶤音昆鶤雞鸘
鷫鸘音宿霜長頸綠色形似鴈其深則有猵獺淮南子畜池魚者必去猵獺猵
水居食魚獺屬沈鱓音善說文皮可為鼓水豹水獸狀似豹蛟蛇龍類蛇形
西京賦樿蛟蛇檻水豹黿蟺鼈龜衆鱗鰨鰖遝憧言其鬼多猶雜遝也
尒乃其都門二九四百餘閭秦惠王二十七年使張若張儀築成
都城漢武帝元鼎二年立成都十八門閭坊巷門也按成都志大城九門今考九門唯咸門朗

門秦漢舊名公孫述傳臧宮東至咸門注云成都北面二門其西者曰咸門是也兩江
珥其市史記李冰穿二江成都中皆可行舟名曰兩江其實穿二渠引江水以壯形勢
且以溉田耳珥言江水旁貫其市貂蟬付耳曰珥虬蜿抱月亦曰珥九橋帶其流
華陽國志李冰造七橋上應七星光武遣吳漢征公孫述戒曰冒兵當在七星間謂此也李膺
益州記七星橋一曰長星二曰貟星三曰璣星四曰夷星五曰尾星六曰冲星七曰曲星後漢
公孫述傳注市橋即七星之一橋也益州記曰冲星橋舊市橋又有龜化橋初張儀築城有大
龜導之以築至東子城東南隅而斃因以名橋其仙不可復弦帶言九橋跨江如帶之東武
儋鎮都刻削成嶔武儋山在成都西北為都之鎮舊記言蜀王開明遣五丁
力士負土成之嶔音廉又音欽草木叢蔓也王基既夷蜀侯尚叢楊雄
蜀王紀曰蜀王之先名蠶叢狛護漁鳧蒲澤開明至秦惠王討滅蜀封公子通為蜀侯賦言蜀

都之王基既平蜀侯通始封可配蠶叢之王尚記也并石石劈岓岑倚從
西南夷傳文山都衆邑皆依山居上累石為室高者至十餘丈為邛籠先蜀記云蠶叢始居岷
山石室中劈古犀字與棲同岓渠希反山傍石也從讀作徙秦漢之徙元以
山東成都由秦漢而徙謂惠王及武帝時其始基在山之東謂蠶叢望帝皆治郫城在岷
山之陽也是以隤山厥饒水貢其獲苴竹浮流龜磧
苴麻也水運則蔽流積於水次則龜磧言麻竹之多竹石蝎相救上文已有竹不
應再舉竹石疑是合為若字杜若香草蝎蟄虫二者藥材柔猛之性相濟舉細微以見百物富
羨魚酌不收魚酌皆取也收力救反掩藏也易井收勿幕言山川所產惟人所取
未嘗有斬鵌䳄鴝鵒風胎雨鷇鵌音餘鳥與鼠同穴䳄音侯鵰類鴝音渠
鴝鵒也穴土而生鷬音皇莊子白鶂相視而風化注不待合而生子鷇苦豆反鳥子欲出者也

（言品類不同）衆物駭目單不知所禦（言山川所產之富單與殫同盡也）尒乃其裸（字亦作蓏果蓏也史記貨殖傳作果隋）羅諸圃畝緣畛（畝音匡圃之四圍也果田木繁盛四圍之畛域）黃甘（柑橘屬廣志曰有成都平蔕甘大如升色蒼黃楗為南安縣出）諸柘（甘蔗）柹桃杏李（二果桃如柹李如杏者）枇杷杜樼（同榛）栗棪棠梨離支（甘棠梨即召南所詠者離支荔支也南中八郡志曰犍為僰道縣出荔枝）雜以梃橙（柚屬）被以櫻梅樹以木蘭（大樹葉似長生實如小柹甘美）扶林禽爚般關（林禽來禽也扶謂駢生其實似扶般關美梨也廣志曰關以西梨多供御爚光采貌）旁支何若英絡其間（言果木繁多支與枝通何讀作阿）春机楊柳褭弱蟬抄扶施連卷（机音几玉篇木出蜀中褭音嫋蟬抄音撣爰相牽引也卷音拳）䝔貗螗蛦子巂呼焉（皆禽蟲名䝔貗音巨奚方言齊謂之螇螰楚謂之蟪蛄又郭璞注胡蟬江南呼螗蛦音夷巂呼圭反即子規也一名杜宇俗傳蜀王望帝之魂化為此鳥）尒乃五穀馮戎（馮戎富盛也）瓜瓠饒多卉以部麻（卉古草字一作艸楚詞多互用之）往往薑梔（史記貨殖傳巴蜀地饒卮薑卮音支可以染色）附子巨蒜（附子溫藥蒜音筭葷菜也）木艾椒蘺藷醬酴清（藷醬枸樝醬酴清酴醾酒）衆獻儲斯盛冬育荀舊菜增伽（荀今作筍竹萌也伽今茄隆冬時已生茄子冬月尚多）百華投春隆隱芬芳蔓茗熒郁翠紫青黃麗靡螭燭若揮錦布繡望芒兮無幅（班固西都賦瑋瑋猗猗若摛錦與布繡燭耀乎其被言草木繁盛如舒布錦繡望之芒芒然曾無邊幅舊本作望芒芒子於無監或曰言其日富若無監氏之貧子錢恐失之鑿今

從藝文類聚蟵㩗同尔乃其人自造奇錦紌繏緟縝緂緣
盧中發文揚采轉代無窮紌戶周反繏息絹反索絲織也緟音斐縝
音續繆所銜反緂絳色也絳色緣其外盧黑色居中相合為文蜀錦名絣不一色此其尤奇者故
轉於世閒無有窮已其布則細都弱折皆布名西南夷傳有帛疊蘭干細布
又有梧桐木華績以為布綿繭成衽繭布江南人謂之生布衽緝也阿麗纖
靡避晏與陰無雲而陰曰晏蜘蛛作絲不可見風極言其精
細篇中黃潤一端數金黃潤篇中細布也司馬相如凡將篇黃潤纖美
宜制禪漢時黃金一斤為一金周雕鏤釦器百伎千工舊本脫下五字程大
昌演蕃露云揚雄蜀都賦雕鏤釦器百伎千工今添入雕鏤謂篆刻為文後漢皇后紀蜀漢釦
器注以金銀緣器曰釦音口皆極工伎之精東西鱗集南北並湊馳
逐相逢周流往來方轅齊轂隱軫幽輵埃敦塵
拂萬端異類崇戎總濃般旋闠齊楚而喉不
感槩蜀物豐美負販者多齊楚之人遝至都市喧譁而爭售之萬物更湊四
時迭代彼不折貨我罔之械械猶禁也財用饒贍蓄
積備具以上言貨物殷懋遷儲積之盛[富]若夫慈孫孝子宗廟
祖祢考廟曰祢宗有繼祖者有繼祢者鬼神祭祀練時選日瀝
豫齊戒龍明衣龍假借作襲襲重也齊則沐浴更明衣以表精潔論語齊必有
明衣布表玄穀黑黍也所以釀酒儷吉日儷偶也祭祀用柔日異清
濁周礼司尊注醴齊尤濁和以明酌盎齊差清和以清酒合踈明綏離旅
猶言會親踈輯衆寡管子昭穆之離注離謂次位之別也春秋二國會曰離禮記衆賓兩兩主人

曰旅乃使有伊之徒伊尹負鼎以干湯盖俗說也學者子虛未能免俗調
夫五味甘甜之和勺藥之羹勺藥和齊羙味子虛賦勺藥之和具
而後御之王充論衡鹹苦酸淡不應口者猶人勺藥失其和也江東鮐鮑隴西
牛羊物以地而美者鮐鮑皆魚名說文鮐海魚也䆂米肥腯䆂與潦通周禮
曰牲必在滌又肥牛注肥養於滌滌者養牲之宮滌米言養之以米所以滌其穢腯豕也
麞麀不行麞之惟切麀音几獵所供無行敗者弋鴻⿰豸爽⿰犭亶乳⿰豸爽⿰犭亶皆獸
名⿰豸爽貴大者⿰犭亶貴初生獨竹孤鶬竹屬通用屬玉鶬皆水鳥名不牝牡則味全
炮鴞鴞炙也莊子見彈而求鴞炙被紕之胎紕與豼通用豹屬也枚乘之散
豢豹之胎山麕隋腦水遊之腴山獸以髓腦為珍水族以腴為美漢書
郊祀志先鬻鶴髓隋並古髓字蜂豚應鴈被鴳晨鳧蜂封古字通用

封大也封聚之豚應候之鴈被鴳即斥鴳晨飛之鳧皆味之美者也說苑魏文侯嗜晨鳧戮
鶂初乳戮與雜通用野鵝也山鶴既交春羔秋⿺黽巴物以時而美者
⿺黽巴力久反宂蟲類鼎而大膾鮻龜肴鮻魚名細薄切之曰膾熟肉連骨曰肴蒸之令
龜折杭田孺鷩形不及勞鷩必列反雉屬羽可為皃孺謂乳也食於秔田
未能飛故不勞而肥五肉七菜朦猒腥臊五肉牛羊雞犬豕以七菜葱韭
之屬藿之所以蒙獸其腥臊熱楚歲時記人日以七種菜為羹可以練神養血
腄者莫不畢陳腄合作臠勝閒脂膏也以上言珍羞之備尔乃其俗
迎春送臘百金之家千金之公言中產之家貴重之人莫不畢
出遊遨乾池泄澳觀魚于江左傳矢魚于棠而觀之猶今之乂魚若
其吉日嘉會期於送春之陰迎夏之陽侯羅司

馬郭范畾楊上族漢時蜀都著姓置酒乎滎川之間宅蜀亦謂之川如司馬相如嚴君平舊宅皆在成都今其遺址盡為蘇黃之舍設坐乎華都之高堂延帷揚幕接帳連岡帷幕施於堂宇帳設於空曠之地漢書帳飲三日岡山春曰岡衆器雕琢藻刻將星雕琢玉石器也藻刻髹木器也早假借作藻釆繪也將星雚鑿華美皃朱緣之畫邠盼麗光龍虵蜜蜷錯其中禽獸奇偉髦山林皆言畫也蜜於元反蜷奇負反龍虵屈伸狀髦去聲猶芼也謂四散山林之間昔天地降生杜鄠密促之君則荆上亡尸之相蜀王本紀曰朱提有男子杜宇從天而降自稱望帝蜀人尊為主杜鄠即杜宇望帝姓名也鄠音戶按蜀紀上古時蜀之君長治國久長後皆仙去自望帝以來傳授始密又云望帝治汶山下邑曰郫荆人鼈靈死其尸亡隨江逆流而上至郫而生望帝以為相委國授之厥女作歌成都古今記蜀王尚納王丁之妹為妃不習水土欲出王固留之為作東平之歌無幾物故王悲悼不已乃作臾斜之歌就歸之曲而哀之是以其聲呼吟靖領激呦喝啾戶音六成行夏低佪戶讀作濩濩者湯之樂六成猶六變也行夏亦樂章名周礼行以肆夏低佪舒徐也言歌曲合商周之音激讀作噭噭唱音敗胥徒入冥胥徒樂工之屬其歌声妙入幽冥及廟噆吟諸連單情舞曲轉節踃駁應聲望帝靈皆有廟在蜀都士女出遊必謁其廟依音日之歌曲寫之声音播之舞節而獻於下連猶後世之曲所謂疊也踃音簫駁音颭舞之踊旋皆與歌声相應其佚則接芬錯芳襘祜纖延佚猶佾行列也方言襘謂之被襳謂之祜即衣袵也蹋湊秋發陽春湊秋陽春並曲名蹋以足踏地而歌字本作蹋丑犯

切西京雜記戚夫人侍兒賈佩蘭説在宮時常以十月十五日入靈女祠以豚黍樂神吹笛擊筑歌上靈之曲既而相與連臂踏地為節羅儒吟吴公連羅儒吴公皆善謳吟者後人多傚其音劉向別録漢興以来善雅歌者魯人虞公發声清哀蓋動梁塵虞吴漢人多通用崔豹古今注曰陌上桑秦氏女羅敷曲也羅敷採桑趙王見而説之欲載以帰羅敷不從作是曲以明意儒讀作儒眺朱顏離絳脣眇眇之態吡嗷出焉言歌声抑揚之妙若其遊怠魚弋郤公之徒郤郄戟及郤蜀之豪富人右思賦王孫之屬郤公之倫王孫卓王孫也相與如平陽頫臣沼如往也平陽[illegible]平野頫疑是頫字與俯同一本作頫字羅車百乘期會投宿觀者方隄行舡競逐偃行檄曳絺索恍惚羅畏彌瀰蔓蔓汤汤遨遊既倦日將暮矣期於托宿車馬同回舟楫奔走

觀者並隄人物併雜龍睢瞭兮龍讀如籠笭筍之類竹器以取魚也睢許維反瞭音霍鷲視皃罧布列説文罧積柴水中以聚魚也所今反枚孤施兮孤即罛字丹上綱也古吴又詩施罛濊濊纖繁出繳以絲繫矢而弋音灼鷲雌落兮尚雄[illegible]翔雖桂兮奔縈畢組飛膾沈單然後別狙旋取魚禽以供狙膾至暮飛沈不可復取而後已

古文苑卷之四

古文苑卷之五

漢臣賦九首

遂初賦 并序　劉歆 字子駿向之子漢書有傳

遂初賦者劉歆所作也歆少通詩書能屬文成帝召爲黄門侍郎中壘校尉侍中奉車都尉光祿大夫歆好左氏春秋欲立於學官時諸儒不聽歆乃移書太常博士責讓深切爲朝廷大臣非疾求出補吏爲河内太守又以宗室不宜典三河徙五原太守詳見本傳時名儒光祿大夫龔勝以歆移書上疏乞骸骨罷及儒者師丹為大司空亦大怒奏歆改亂舊章歆由是忤執政大臣為衆儒所訕求出補吏是時朝政已多失矣歆以論議見排擯志意不得之官經歷故晉之域感今思古遂作斯賦以歎往事而寄己意哀帝之世權柄下移故歆思周晉當

事有所感傷而寓意此賦

昔遂初之顯祿兮遭閶闔之開通歆自言顯仕之初君門無壅蹠三台而上征兮蹠踐也魁下六星曰三台即太階也入北辰之紫宮此極環衛內曰紫宮人君所居象北極歆為黃門侍郎又侍中以加官得入侍禁中備列宿於鉤陳兮擁太常之樞極史記天官書中宮天極星其一明者太一常居也鉤陳紫宮外營陳星歆為中壘校尉象鉤陳星擁衛宸極總六龍於駟房兮奉華蓋於帝側天子之駕六馬馬八尺為龍房星為天駟華蓋星在帝座後法駕之蓋象之皆奉車都尉所職惟太階之侈闊兮機衡為之難運侈闊言登進之塗雜賢佞不分故求機衡者為之難運機衡皆北斗星以諭政之幾要懼魁杓之前後兮遂隆集於河濱以在帝旁為懼求出補河內太守遭陽侯之豐沛兮乘素波以聊戾陽侯波神淮南子注陵陽國侯溺水而死其神能為大波豐一作澧豐沛波之洶湧也言將之河內遭波神洶湧使已聊戾而莫前以諭人言沸騰為已阻蔽得玄武之嘉兆兮守五原之烽燧玄武北方之宿言得吉卜利北征也徙五原邊郡故言守烽燧二乘駕而既俟太守副車有僕夫期而在涂馳太行之嚴防兮太行山在河內郡山陽縣西北綿漢京踰太行至高都皆太行防亦關也入天井之喬關天井關屬高都縣歷岡岑以升降兮馬龍騰以起攄舞雙駟以優遊兮詩兩驂如舞濟黎侯之舊居壺關縣舊黎侯國也心滌蕩以慕遠兮迴高都而北征高都縣屬上黨郡至此方北行故曰迴剴彊秦之

暴虐兮弔趙括於長平劉猶菟也文有劉秦新趙括敗於長平卒四十萬人皆降秦秦挾詐盡阬殺之好周文之嘉德兮躬尊賢而
下士鶩駟馬而觀風兮慶辛甲於長子劉向別錄辛甲事紂七十五諫不聽而去沼公與語賢之告文王親自迎之以為公卿封於長子長子音長短之長縣名屬上黨以上因歷周秦故境嘆其仁暴之不同哀衰周之失權兮
數辱而莫扶執孫蒯于屯留兮左傳襄十七年石買孫蒯伐曹取重丘曹人愬于晉十八年晉人執衛行人石買于長子執孫蒯于純留為曹故也屯留縣屬上黨也音純救王師於余吾成元年晉平戎于王劉康公邀戎遂伐之王師敗績于徐吾公羊子曰孰敗之蓋晉敗之也余吾縣屬上黨過下虒而歎息
兮悲平公之作臺晉平公作虒祈之宮諸侯皆賀成虒祈地名銅鞮縣有上

虒亭下虒聚背宗周而不卹兮苟偷樂而惰怠晉城杞子大叔曰晉國不卹宗周之闕而夏肆是屏怠叶韻平声枝葉落而不省兮
公族閒其無人叔向曰公室將卑其宗族枝葉先落則公從之肸之宗十一族惟羊舌氏在而已豈其獲祀闃苦鵙反易豐卦闚其戶闃其無人曰不悛而俞
甚兮政委棄於家門又曰政在家門民無所依君日不悛以樂慆憂歆因晉以傷漢也家門謂六卿載約屨而正朝服兮降皮弁以為
屨權臣上僭君柄下移如冠屨易位載加諸首也礼記載縲十有二旒音戴約當作絇周礼屨人注約著屨之頭以為行戒皮弁行礼之冠礼記皮弁日以視朝寶礫石於廟
堂兮面隋和而不眡小人登用賢材見弃隋珠和璧以譬賢材為國之宝面者背而不顧也項羽傳馬童面之眡與視同始建衰而造亂兮公室

由此遂卑憐後君之寄寓兮唁靖公銅鞮唁[illegible]同說文弔生也以弔失國曰唁詩歸唁衛侯靖公晉之末君三卿分晉靖公寄寓於銅鞮降爲家人故憐而弔之銅鞮縣屬上黨以上嘆宗周衰微晉平不能嗣伯業以尊周室卒致晉公室卑爲三卿所滅其傷漢之心切矣越侯田而長驅兮河內懷縣有侯人亭左傳侯田溫之別邑釋叔向之飛患叶韻平聲飛語見拘遭悅善人之有救兮勞祁奚於太原何叔子之好直兮爲群邪之所惡惡毁也烏各反賴祁子之一言兮幾不免乎徂落襄二十一年晉誅欒盈之黨叔向之弟羊舌虎與焉於是囚叔向祁奚聞之見范宣子曰夫謀而鮮過惠訓不倦者叔向有焉社稷之固也猶將十世宥之以勸能者今壹不免其身以棄社稷不亦惑乎宣子說言諸公而免之奚晉大夫食邑於祈縣屬太原郡徂落死也

覆美不必爲偶兮時有蓋而不相及楚詞兩美其必合兮注以男女俱美比君臣俱賢也雖韞寶而求賈兮嗟千載其焉合論語求善賈而沽諸讀作價新亭使賢者爲之與不肖者議之所以千載不合也昔仲尼之淑聖兮竟隘窮乎蔡陳孔子厄於陳蔡七日不火食彼屈原之貞專兮卒放沉於湘淵屈原遭讒去國自沉汨羅何方直之難容兮柳下黜而三辱柳下惠爲士師三黜曰直道而事人焉往而不三黜蘧瑗抑而再奔兮豈材知之不足蘧伯玉名瑗衛之賢大夫至獻公時凡再出奔揚蛾眉而見妬兮固醜女之情也曲木惡直繩兮亦小人之誠也以夫太子之博觀兮何此道之必然空下時而矖世兮

自命已之取患矑光曰反轉目視也方言瞋曰矑轉目顧視亦曰矑以上言目

遇合之難又見疾者多以諭己之出處悲積習之生常兮固明智

之所別言積習所生自微至著人以為漸易生怨心惟明智見微別於未然因過晉陽

再申前意以見六卿專政之漸叔羣既在皁隸兮六卿興而爲

桀左傳叔向曰雖吾公室今亦季世也欒郤胥原狐續慶伯降在皁隸政在家門言八族皆晉之舊臣既降為賤官於是祿去公室政在大夫趙無卹范吉射智瑤荀寅魏多韓不信六家也為晉卿逞其雄桀荀寅肆而顓恣兮吉射叛而擅兵憎

人臣之若茲兮責趙鞅於晉陽荀寅士吉射奔朝歌春秋書晉荀寅士吉射入于朝歌以叛趙鞅奔晉陽晉人圍之書晉趙鞅入于晉陽以叛事並見定公十三年晉陽縣屬太原軼中國之都邑兮登句注句注山名在陰館縣

以陵厲歷鴈門鴈門郡屬并州而入雲中兮雲中郡屬并州超

絶轍而遠逝濟臨沃臨沃縣屬五原而遥思兮垂意乎

邊都已至五原留意邊俗野蕭條以寥廓兮陵谷錯以盤

紆飄寎寥以荒昒兮昒音忽猶冥莫也沙埃起而杳冥

迴風育其飄忽兮迴颭颭之泠泠薄涸凍之凝

滯兮茀谿谷之清涼育倏也颭颭動搖貌音占泠泠風声音令薄傍各反迫也茀敷勿反拔也漂積雪之皚皚兮涉凝露之隆霜揚

雹霰之復陸兮慨原泉之凌陰激流澌之漻淚

兮凌音陵澌音斯風俗通積冰曰凌冰流曰澌漻音猋淚音戾窺九淵之潛

淋颼悽愴以慘怛兮慽風漻胡巧反以冽寒獸望

浪以冘竄兮（浪音狼望浪怖駭貌）烏脇翼之浚浚（浚與踆同伏也）
（音逡）山蕭瑟以鶤鳴兮樹木壞而哇吟（莊子所謂地籟噫於）
（佳反）地坼裂而憤忽急兮石捌破之嵒嵒（嵒五[illegible]反嵒嵒）
（咸反）天烈烈以厲高兮廖琗窻以梟窂（勞）鳶邕邕
以遲遲兮野觀鳴而嘈嘈望亭隧之皦皦兮飛
旗幟之翩翩回百里之無家兮路脩遠之綿緜
（以上述五原景物）於是勤障塞而固守兮奮武靈之精
誠（趙武靈王排羣臣之議身胡服教民騎射以備邊事見戰國策五原故趙地也）攄趙
奢之策慮兮威謀完乎金城（趙奢趙之良將也嘗以堅壁破秦軍）
（事具史記金城言守之固見賈誼策）外折衝以無虞兮內撫民以

永寧既邕容以自得兮唯惕懼於笠寒（楚辭天問帝何）
（笠之注笠一作篤笠寒猶言隆寒也）攸潛溫之玄室兮滌濁穢於
太清反情素於寂寞兮居華體之冥冥玩書琴
以條暢兮考性命之變態運四時而覽陰陽兮
總萬物之珎怪雖窮天地之極變兮曾何足乎
留意長恬淡以懽娛兮固賢聖之所喜亂曰（魯語）
（正考父校商之名頌十二篇以那爲首其輯之亂曰云云注篇義既成撮其大要爲亂辭王充
論衡識書云董仲舒亂我書蓋孔子言也孔子曰師摯之始關雎之亂洋洋乎盈耳哉亂者終
孔子言也孔子生周始其本仲舒生漢終其末賦頌篇下其有亂曰章者盖其類也）處幽
潛德含聖神兮抱奇內光自得真兮寵幸浮寄

奇無常兮奇讀作奇偶之奇惟奇數無常漢書李廣數奇寄之去留亦何傷兮大人之度品物齊兮舍位之過忽若遺兮此言在人者爵祿之位求位得位固其常兮此言在己者當處之位守信保己比老彭兮論語竊比於我老彭

首陽山賦　杜篤後漢文苑傳杜篤字季雅京兆杜陵人

史記伯夷叔齊孤竹君之二子也聞西伯昌善養老盍往歸焉及西伯卒武王伐紂叩馬而諫武王已平殷亂天下宗周夷齊恥之義不食周粟隱於首陽山采薇食之餓死

嗟首陽之孤嶺形勢窟其盤曲面河源而抗巖馬融曰首陽山在河東蒲坂華山之北河曲之中隴追隈而相屬長松

落落卉木蒙蒙青羅落漠而上覆穴溜滴瀝而下通高岫帶乎巖側洞房隱於雲中忽吾覩兮二老時采薇以從容於是乎乃訊其所求問其所脩州域鄉黨親戚足儔何務何樂而並茲遊矣二老乃答余曰吾殷之遺民者也厥胤孤竹作蕃北湄胤嗣也漢地理志遼西郡令支縣有孤竹城注故伯夷國也紂都朝歌孤竹在北少名叔齊長曰伯夷聞西伯昌之善政育年艾於黃耇遂相攜而隨之艾班白也黃耇老人也詩黃耇鮐背孟子曰盍歸乎來吾聞西伯善養老者冀寄命乎餘壽而天命之不常伊事變而無方昌伏事而畢命三分天下有其二以

伏殷事子忽覲其不祥子武王也未終喪之君稱子老子佳兵不祥之器乃興師於牧野牧野地名泰誓武王與受戰于牧野遂干戈以伐商乃棄之而來遊誓不步於其鄉余閉口而不食並卒命乎山傍

終南山賦賦一作頌　班固字孟堅茂陵人兩漢書皆有傳

漢書地理志右扶風武功縣太壹山古文以為終南毛氏詩注終南周之名山中南也

伊彼終南巋巀嶙囷巋區韋反巀才結反高峻也嶙力因反囷居倫反盤旋也槩青宮觸紫宸李善注曹植詩承露槩太清槩與抗同古字抗摩也青宮紫宸天帝之居言山高峻上極于天嶔崟鬱律萃于霞芬芬與氛同山嵐之氣曖曃晻靄若鬼若神曖曃音愛逮雲霧吐吞障蔽天日變化殊形宋玉高唐賦從從華華若生於鬼若生於神傍吐飛瀨上挺脩林立泉落落瀑布泉也周庾信終南山詩長虹雙瀑布密陰沉沉榮期綺季家語榮啓期行乎郕野鹿裘帶索鼓琴而歌高士傳四皓綺里季等共入此焉恬心商洛漢高徵之不來乃深匿終南三春之季孟夏之初天氣肅清周覽八隅皇鸞鸑鷟警乃前驅皇鸞鸑鷟皆鳳屬也春秋元命苞火離為鸞國語周之興也鸑鷟鳴於岐山賦言人主出游朱雀為之前驅爾其珍恠碧玉挺其阿密房溜其巔左思蜀都賦密房郁毓被其阜山圖采而得首翔鳳哀鳴集其上清水泌流注其前泌泉水也彭祖宅以蟬蛻列仙傳彭祖殷大夫也歷夏至殷末八百餘歲常食桂芝

善導引行氣歷陽有彭祖山室後昇仙而去安期饗以延年安期生賣藥於
東海邊時人皆言千歲翁常往來華山間饗謂以碧玉瓷舄為仙藥餌之前秦録王嘉不食五
穀清虛服氣潛終南山菴處而已此亦彭祖安期之倫也唯至德之爲美我
皇應福以來臻掃神壇以告誠薦珍馨以祈仙
嗟兹介福永終億年一本嗟作羌終作鍾本傳肅宗雅好文章固愈得幸
每行巡狩輒獻上賦頌今按章帝本紀行幸祠禮之事無歲無之如增修羣祀柴告岱宗祀汶上
祠闕里幸岐山登太行[illegible]書惟終南薦享不見于史豈佚遺失耶

竹扇賦　班固

按葛洪西京雜記漢制天子玉几夏設羽扇冬設繒扇至成帝時昭陽殿
始有九華扇五明扇及雲母孔雀翠羽等名其華飾侈麗不言可知孟堅
當肅宗朝時以竹扇供御盖中興以來屏去奢靡崇尚樸素所致賦而美
之所以彰盛德養君心也

青青之竹形兆直妙華長竿紛寔翼杳篠叢生
於水澤疾風時紛紛蕭颯削爲扇翣成器美託
御君王供時有度量異好有圓方翕之形製或圓方隨人所
製來風辟暑致清涼安體定神達消息百王傳
之賴功力壽考康寧累萬億一本來風堪辟暑静致夜清涼

圍碁賦　馬融

馬融字季長扶風杜陵人後漢書有傳

孟子曰奕之為數小數也趙岐注奕圍碁也博物志云丹朱善碁既不經
見未足深信

略觀圍棊兮法於用兵三尺之局兮爲戰鬬場（陸賈新語言圍碁兵法之類上者張置踈遠多得道而勝中者務相遮絶爭便求利下者守邊隅以作劉猶薛公之言黥布反也上計取吳楚廣地中計塞成皐遮要爭利下計據長江以臨越作鄲者也）陳聚士卒兮兩敵相當拙者無功兮弱者先亡（碁以智取亦以氣勝一本拙作怯弱作貪怯則悭志貪則無謀奕戰皆然）自有中和兮請說其方（中和猶中庸碁術高妙未易言盡姑論中庸之方畧）先據四道兮保角依旁縁邊遮列兮往往相望離離馬首兮連連鴈行（布子欲踈勢貴相屬）踔度間置兮（前行覘敵曰踔引彼聯皿曰度）徘徊中央違閣奮翼兮（習其所攻曰違制其欲逞曰閣）左右翱翔道狹敵衆兮情無遠行碁多

無籌兮如聚羣羊（籌與策同筭也兵法多筭勝）駱驛自保兮先後來迎攻寬擊虛兮蹌踤內房（蹌七羊反踤步頃反字本作槍又作棓兵杖也天文志有天槍天棓星見則兵起）利則爲時兮便則爲強猒於食兮壞决垣墻堤潰不塞兮泛濫遠長（敵可取不取當備不備必貽後悔班固奕旨一孔有闕壞頹不振有似瓠子汎濫之敗）橫行陣亂兮敵心駭惶迫兼碁雞兮頗棄其裝（雞音義與岳同碁心并四面各據中一子謂之王岳言不可動搖也此而見迫碁勢危矣將有棄其資裝而遁者）已下險口兮鑿置清坑（已既出險當設險以待敵口如飛狐之口井陘之口皆險要用奇處）窮其中罫兮如鼠入囊（罫音卦罔罟也新語所謂作罫）收死卒兮無使相迎當食不食

兮又反以其殃勝負之㯳兮（作揲一作策）於言如髮乍綴乍絕兮上且未別白黑紛亂兮於約如葛（雜亂）交錯兮更相度越守規（一作視）不固兮爲所唐突深入貪地兮殺亡士（一作將）卒狂攘相救兮先後并沒上下離遞兮（又雜遝兮）四面隅閉圍合罕散兮所對哽咽韓信將兵兮難通易絕自陷死地兮設見權譎（漢書韓信以兵東下井陘李左車曰井陘之道車不得方軌騎不得成列願假奇兵從間路絕其輜重信爲背水陣出井陘口曰此在兵法陷之死地而後生言碁當危急則出奇以取勝）誘敵先行兮往往一室捐碁委食兮遺三將七（此亦言韓信未出井陘使萬人先行所以誘敵既而入空壁立赤幟遂以取勝其視敵壘猶已一室有所弃以陷敵也將欲取之必固與之）遲逐爽問兮轉相伺密（勿迫以怠之誑詞以誤之）商度道地兮碁相連結蔓延連閣兮如火不滅扶疎布散兮左右流溢浸淫不振兮敵人懼慄迫促踧踖兮惆悵自失計功相除兮以時各（一作早）訖事留（變）變生兮拾碁欲疾營惑窘乏兮無令詐出深念遠慮兮勝乃可必

髑髏賦

張衡（字平子南陽西鄂人後漢書有傳）

（莊周蒙人也若書寓言曰莊子使楚見空髑髏擊以馬捶而問曰夫子貪生失理而為此乎將有凍餒之患而為此乎語卒援髑髏枕而卧髑髏見）

夢曰夫死無君於上無臣於下與天地為春秋雖南面帝王樂不是過也

故平子托之以伸其旨

張平子將遊目於九野觀化乎八方淮南子天有九野九州之外乃有八殯星回日運鳳舉龍驤南遊赤野極南之地北沚一作陟幽鄉即幽都也西經昧谷日入之處東極浮桑日出之處曰扶桑於是季秋之辰微風起涼聊回軒駕左翔右昂步馬于疇阜逍遙乎陵岡顧見髑髏委於路傍下居淤壤上有玄霜張平子悵然而遷來乎為是上智為是下愚為是女子為是丈

夫於是肅然有靈但見神響不見其形荅曰吾宋人也姓莊名周遊心方外不能自修壽命終極來而幽玄公子何以問之對曰我欲告之於五岳禱之於神祇起子素骨反子四支取耳北坎坎北方水水內景故耳屬之求目南離離南方火火外景故目屬之使東震獻足西坤授腹震東方主動在易為足坤西南方萬物皆致養焉在易為腹五內皆還五臟也六神皆復五官及心之神子欲之不乎髑髏曰公子言之殊難也公子雖有此言吾殊難之不欲也死為休息生為役勞莊子曰勞我以生佚我以老息我以死冬冰之凝何如春冰之消凝則幽滯消則自然淮南子冰之凝不若其釋

（也又況不為水者乎）榮位在身不亦輕於塵毛巢許所耻伯成所逃（巢父許由伯成子高以受天下若一國為耻而逃之榮位在人生猶輕之）（況已死乎）況我已化與道逍遙離朱（離婁也）不能見子野（師曠字）不能聽堯舜不能賞桀紂不能刑虎豹不能害劒戟不能傷與陰陽同其流與元氣合其朴以造化為父母天地為牀蓐雷電為鼓扇日月為燈燭雲漢為川池星宿為珠玉合體自然無情無欲澄之不清混之不濁不行而至不疾而速於是言卒響絕神光除滅顧時發軫乃命僕夫假之以縞巾衾之以玄塵（以土覆之也）為之傷涕酹於路濱

冢賦

（古者不預凶事冢壙卜葬而後穿築至春秋時晉文公有功於周請隧弗許曰王章也釋者云闕地通路曰隧王之葬禮也晉文以此為請則預為冢壙矣漢之人主多預為陵廟則士大夫必有預為冢兆者詳觀此賦其平子預築之冢邪）

載輿載步地勢是觀降此平土陟彼景山（高山也）一升一降乃心斯安（觀山之來岡一起一伏乃有支脉）爾乃隳巍山平險陸刊蓁林（禹貢隨山栞木栞古刊字斫也）鑿盤石起峻壟構大槨（木者以木為槨後世葬以灰土或以磚石為之）高岡冠其

南平原承其北枕南而向北列石限其壇壖一作羅竹藩其域系以脩遂周制惟王者用隧諸侯皆縣棺而下漢不以遂為禁洽以溝瀆曲折相連迤靡相屬泄壙中水欲其曲折所謂之玄水也乃樹靈木戎戎樹之靈木所以識戎戎盛貌靈善也蔭繁霜峩峩匪雕匪琢繁霜冢上飾周旋顧盼亦各有行乃相厥宇乃立厥堂直之以繩正之以日揆日景所以定方隅詩揆之以日作于楚室有覺其材詩有覺其楹覺直也以構玄室奕奕將將崇棟廣宇在冬不涼一作寒在夏不暑祭祀是居神明是處為幽玄之室以寓享祀脩遂之際亦有掖門際遂之盡處建為掖門掖門之西十一餘半地廣居掖門十分之一而又美其半下有直渠上有平岸舟車之道交通舊館自西而降則通往來之衢寒淵慮弘存不忘亡怭厥廟壇祭我兮子孫古者不墓祭後世則有謂之上冢孟子嘗言墦閒之祭者宅兆之形規矩之制希而望之方以麗踐而行之巧以廣幽墓既美鬼神既寧降之以福如水之平如春之卉如日之升

溫泉賦　張衡

按漢地理志京兆尹新豐縣驪山古驪戎地也山有神井泉溫如湯辛氏三秦記云驪山湯可以去疾消病武帝故事云驪山湯初始皇砌石起寺漢武加脩飾馬至唐時有宮在驪山下名溫泉宮天寶間治湯井為池環

余適驪山觀温泉浴神井美洪澤之普施乃爲賦云陽春之月百草萋萋余在遠行顧望有懷遂適驪山觀温泉浴神井風中巒風與風乎舞雩同意壯厥類之獨美思在化之所原覽中域之珍恠無斯水之神靈控湯谷乎瀛洲濯日月乎中營瀛洲海中山上有湯谷山海經湯谷上有扶桑池日所浴也日月坎離之精濯乎其中故淚泉而温蔭高山之北延處幽屛以閑清於是殊方跂一作交涉駿奔來臻士女曄其鱗萃紛雜遝其如絪音因易天地絪緼似有缺文

亂曰天地之德莫若生兮帝育蒸人資厥成兮六氣淫錯有疾癘兮温泉汩焉以流穢兮蠲除苛慝服中正兮熈哉帝載保性命兮

觀舞賦

客有觀舞於淮南者美而賦之曰爾雅舞以土地名之有周舞巴渝舞淮南舞音樂陳兮旨酒施擊靈鼓兮吹參差叛淫衍兮漫陸離於是飲者皆醉日亦既昃美人興而將舞乃脩容而改服襲羅縠之雜錯申綢繆而自飾揄者啾其齊列盤鼓煥以駢羅并羅拊駢羅搏也搏拊衆声以合其行列班固賓戲啾發投曲感耳之声舞之折盤隨鼓声而旋轉故謂之[illegible]

鼓平子又有七盤舞號此處似有缺文抗脩袖以翳面展清聲而
長歌歌曰驚雄逝兮孤雌翔臨歸風兮思故鄉
搦纖腰以玄折嫚傾倚兮低昂增芙蓉之紅華
兮光灼爍以發揚騰嫮目以顧眄嫮音胡故反好貌也楚詞嫮目宜笑眄爛爛以流光連翩絡繹乍續乍絕裾似
飛鸞袖如迴雪於是粉黛弛兮玉質粲珠簪挻一作梴兮繼髮亂然後飾笄整髮被纖垂縈同服
駢奏合體齊聲進退無差若影追形

古文苑卷第五

古文苑卷第六

漢臣賦六首

九宫賦　黄香

河圖之數戴九履一左三右七二四為肩六八為足五居中央從横十五易乾鑿度曰太一取其數以行九宫鄭玄注云太一者北辰神名也下行

八卦之宫每四乃還於中央中央者地神之所居故謂之九宫天數以陽八卦之宫每四乃還於中央中央者地神之所居故謂之九宫天數以陽出入陽起於子陰起於午是以太一下行九宫從坎宫始自此而坤宫又自此而震宫既又自此而巽宫所行者半矣還息於中央之宫既又自此而乾宫自此而兌宫自此而艮宫自此而離宫行則周矣上游息於太一之星而反紫宫行起從始坎宫而終於離宫也後漢書文苑傳黄香字文彊江夏安陸人博學經典究精道術能文章初除郎中肅宗詔香詣東觀讀所未嘗見書累遷尚書令所著賦箴奏書令凡五篇

伊黄虚靈一作之典度五居中央屬土故曰黄靈之常度存斗文之會宫天官書斗魁戴匡六星曰文昌宫皆將相貴臣夾輔紫宫者也翳華蓋

之葳蕤依上帝以隆崇晉天文志上九星曰華蓋所以覆蔽大帝之坐
也握一作擬璇璣而布政北斗第二星曰璇第三星曰璣日月五星曰七
政攓四七而持綱四方宿各七攓為二十八宿和日月之光
曜均節度以運行序列宿之煥爛咸垂景以煌
煌歷天陰之晦暗陽玉石以炳明楊泉物理論曰極南為太
陽極北為太陰日月五星行太陰則無光行太陽則能照賦言九宮之行始於坎正北故為陰
晦終於離宮离正南故曰陽明五石皆陽物也鏡大道之浩廣泑坑漭
以块圠言天地之間大造宏闊未易窺測泑讀如杳坑漭深廣也块圠無垠際也漭音
莽块烏郎切圠音軋眪旭歷而銳銑一作銀上声廓岏峞以閎
閎言以明歷推筭始知浩博之中分為九宮銳銀猶鑚研岏峞猶闔與岏字音掬峞古與字
音郁閬當作閌閬閬音浪閌閬高大貌楊雄甘泉賦閌閬一其寥廓兮似紫宮之崢嶸此言中宮
即蹴縮以檄檽震巽二宮也巽六陽之地羣陰退縮震居正東木之旺方檄檽
木之茂盛也檄音藪檽乃豆反坎烶援以渞煬坎烶坎离也九宮之始終坎中
有火离中有水故錯言之烶戈戰反火光熠渞一作猶才周反謂渞水之源煬火之熾也䮝
騮騔以羗羸乾坤二宮也乾為老馬齊馬坤牝馬江浙間謂牡馬為騮馬䮝音環
字或作馵馬一歲也騔音葛馬疾行也乾坤皆馬以老稚建順而差別磋磥皓皜
以駮樂艮兌二宮也艮為小石磋磥音鹺磥小石皃兌正西屬金故曰皓皜金之色也
駮樂雜而不齊銀佛律以順游銀取其輝粲律取其次序徑閶闔而
出玉房閶闔天門玉房太一所居也漢礼樂志游閶闔觀玉臺謁五嶽而
朝六宗太一天之尊神方其出也五岳六宗之神皆来朝謁虞書禋于六宗對祝

融而督勾芒祝融南方炎帝之佐勾芒東方青帝之佐始於坎宮故對南方之神
[illegible]翊翊以潎潎普蔑反降聊優游以尚陽作一
[illegible]龠而蹈碣石山海經崑崙之丘實惟帝之下都張節曰崑崙山去
中[illegible]五萬里蹗讀如陟登也碣石[illegible]碣山禹貢東底于碣石跪底柱而跨太
行底柱山名河水分流包山而過山見水中若柱然在西虢之界太行山在河內山陽縣西
北[illegible]熊耳而據桐栢熊耳山在弘農盧氏縣東桐柏山在南陽平氏縣
介嶓冢而持外方嶓冢山在梁州漢水所出外方山即嵩高也在潁川浣
彭蠡而洗北海彭蠡大澤在揚州之西界洗濯足也洗上声淬五湖
而漱華池淬吸也與啐同華山之顛有石池世所謂玉井粉白沙而嘵
定容敦煌郡關外有白龍堆沙春秋時有容城是為南郡華容縣雲夢澤在東南定容蓋

雲夢巴丘湖也嘵鋤銜反說文曰小啐也謂吸之將盡卷南越以騰歷南越
交趾之地極南言終於离宮騰歷而上覆回於中宮連明月以爲懸剝駭
雞以爲釵明月寶珠也連言其非一駭雞犀角也韓詩外傳太公使南宮适至義渠
得駭雞犀以獻於紂抱朴子云通犀中有白理如線者置米其上以飼雞雞見驚走名駭雞
犀刻為魚形持入水水輒開剝削治也繞續組而攝雲欝綬加采繪之飾
履為浮雲之形垂獨蠒而服離桂戴巢岌而帶繚繞曳
陶匏以委蛇獨繭一繭絲也列仙傳園客收繭如甕大繅六十日始盡訖巢
岌冠巍峩貌繚繞帶影揚貌陶匏甄陶所成以上言冠服儀飾之盛乘根車而駕
神馬孝經援神契曰山出根車禮記所謂器車也不斲治而自圓典神馬天馬呰黃之類
驂騪駽而俠窮奇騪駽亦神馬服外曰驂窮奇神名使織女

乘王良為之御天官書織女天女孫也天駟旁一星曰王良王良策馬車騎滿野三台執兵而奉引軒轅乘駏驉而先驅招搖豐隆騎師子而俠轂各先後以為雲車三台星名其下六星兩兩而比曰三台軒轅黃龍躰南宮星駏驉獸似騾招搖星名禮記招搖在上豐隆雷師楚詞吾令豐隆乘雲兮師子出南海百獸之長先後並去声奉引前驅所謂先也俠轂所謂後也先後之神皆乘雲以為車左青龍而右觜觿前七星而後騰蛇東方七宿為蒼龍西方觜觿為白虎南七星朱雀北虛危騰蛇玄武徵太一而聚羣神太一有十神一曰太一次曰五福太一三曰天一太一四曰地太一五曰君基六曰臣基七曰民基八曰大遊九曰氣遊十曰計神唯太一最尊更無別名止謂之太一後人以對大遊而謂之小遊蓋誤加之沈括筆談辨之甚詳按此徵太一當作天一趣熒

惑而叱太白太星司礼金星司兵太一出則趣召之東井轂一作轂轔而播又潘洒彗勃佛仿以梢擊四徼塵又作遬於干道絕引者而驚韓東井主汛洒蓋因井以取義轂轔讀如汲漉鹿盧以引汲也彗孛一星五星之精所变主除舊布新言太一出遊則清塵警道故蔑有干道驚韓者蚩尤之倫玢璘一土而要斑斕垂又作乘金干而揵又建雄戟操巨檗又巨檗之磤弩齊佩機而鳴廓狼弧彀張而外嚮枉矢持芒以岞崿迅衝風而突飛電蚩尤古之諸兵者與黃帝戰于阪泉言使武勇能兵之徒若蚩尤者操執兵器邑從其行楊雄甘泉賦蚩尤之倫帶干將而秉玉戚玢璘音彬鄰文采皃巨檗音貍弩名磤音高劫也佩機弩機引滿齊而後發廓發也天狼星之下有星曰弧如矢之狀正向之此云狼弧則是射徼

之弧也轂古豆反饕讀作嶒杜矢星蛇行而落黑望之如有毛羽然嶒嵺振激之狀其勢迅速
過於風電振雲嵱岫而土塋山廣韻嵱山在容川山下有思市塋即塋字
崆峒山也能令幽谷興雲空洞填塞龍狡猾又作猾龍與龍同濫也而蹴踐
蛚走札揭而獠桔梗一作繚結便櫟略玃而突列蛸
槁骨屈而却梁黨叱巷漕而觸蠙蜒扶丑乙反礕
石磔作而扑雷公摽擊鈌而拂勃决皆鬼神名言妖星厲
鬼屏除顛仆莫敢干之奮雲旗而椎又作橦鴻鐘聲淳淪又作
綸以純命四海澹而拓地梁拓又作祐雲旗所以垂覆于下洪鐘
所以宣其和也淳淪純命至和交暢故四海清晏下土蒙福地梁猶言地維地軸也碎太
山而刺嵩高吸洪河而嘬九江登嶕嶢之鼇臺

闚天門而閃帝宮享嘉命而延壽樂斯宮之無
窮末言喬岳可隳江河可竭九宮定位未嘗遷變游行周復于中宮所謂長於上古而不老
超乎天地而永存也刺盧達反吸嘬言其微

函谷關賦

李尤

後漢文苑傳李尤字伯仁廣漢維人和帝時拜蘭臺令關故秦函谷關在弘農縣周秦故都皆在關中漢高祖用婁敬策都關中因秦故關而宇之武帝徙函谷關於新安地理志河南郡穀城縣顏師古曰即今新安也

惟皇漢之休烈兮包八極以據中混無外之盪
盪兮惟唐典之極崇唐典謂唐堯之舊典別九州協和萬邦萬國
喜而洞洽兮何天衢以流通易大畜上九何天之衢亨襟要

約之險固兮制關揵以擒并其南則有蒼梧荔
浦離水謝沐涯浦零中以窮海陸蒼梧所下六關在南地理
志蒼梧郡注屬交州有離水關謝沐荔浦二縣交趾郡合浦縣並有關九真郡有界關於
北則有蕭居天井壺口石徑貫越代朔以臨胡
庭蕭居所下六關在北上黨郡注有上黨關壺口關石研關天井關徑讀作研音形餘未詳
諸部有懷渾歸豹等名或有關越字恐誤緣邊邪指陽會王門淩測
龍堆邪指則陽會王門等關燉煌郡注江西關外有白龍堆沙龍勒縣有陽關玉門關
或置於西則有隨隴武夷白水江零沔漢阻曲
路由山泉舊水遼濫沐落是經於西則隨隴至沐落等關以上
諸關志不載或謂作置作廢迺周覽以汎觀兮歷衆關以遊
目惟夸闊之宏麗兮羌莫盛於函谷羌發語辭或作慶
施雕礱以作好建峻敞之堅重殊中外以隔別
翼巍巍之高崇命尉臣以執鑰有關都尉光武紀建元九年省
十九年復置統羣類之所從嚴固守之猛厲操戈鉞
而晉聰聰聽也謂察聽姦邪蕃鎮造而惕息侯伯過而震
惶惟函谷之初設險前有姬之苗流惟思也易王公設險
以守其國苗流本末也惟函谷置關之本末當始於姬周之前以周時有關尹喜事知之嘉
尹喜之望氣知眞人之西遊爰物色以遮道爲
著書而肯留劉向列仙傳老子西遊關尹喜先見其氣知眞人當過物色而遮之
老子亦知其奇爲著書道德經二篇自周轍之東遷秦虎視乎中

州周平王東遷洛陽秦遂據有岐雍之地恃其險要肆毒天下班固西都賦秦以虎視文
馳齊而懼追譎雞鳴於狗偷齊孟嘗君田文西於秦容有能為狗
盜者竊美裘以獻嬖姬昭王釋之孟嘗君得出即馳去更封傳變姓名夜半至函谷關關法雞
鳴出客恐追至客為雞鳴而雞盡鳴遂發傳出見史記雎背魏而西逝托
衾衣以免搜范雎得罪於魏秦謁者王稽與俱入秦至函谷關秦相穰侯東行縣
邑雎匿車中免索故得入見戰國策楊雄解嘲范雎之亡也扶服入橐大漢承弊
以建德革厥舊而運脩高祖初入關與民約法三章至武帝元鼎三年
冬乃徙函谷關於河南郡新安縣運修猶改為也准令宜以就制因茲
勢以立基謂擇其善而宜者因自然形勢以立關之基址據地勢前漢關在國都之
東後漢關在國都之西郡國志穀城縣有函谷關注西征記曰函谷左右絕岸十丈中容車而

巳盖可以詰非司邪括執喉咽季末荒戍墮闕
有年謂西漢之末關守隳廢隳隳同許規反天閔羣黎命我聖君
稽符皇乾孔適河文聖君謂光武也後漢志光武東封泰山引河圖會昌
符誠合帝道孔矩中興再受二祖同勳言光武受命中興與高祖創業
同功永平承緒欽明奉循上羅三關下列九門明帝
永平之間能承奉二祖立國之規當時函谷關制度宏麗若此會萬國之玉帛
徠百蠻之貢琛東漢都洛陽河南郡為帝京諸侯藩鎮執玉帛朝覲方外蠻夷
各以其國琛寶來貢皆由函谷關左傳禹會諸侯於塗山執玉帛者萬國魯頌憬彼淮夷來獻
其琛冠盖紛其雲合車馬動而雷奔察言服以有
譏捐繻傳而勿論言人物往來之多惟興服異言是察它無所禁禮記關執

信也書繒帛分持其一以為出入之驗或用棨[illegible]以讖禁異服識異異言讖察也繻傳過關之符刻木為之漢書文帝除關無用傳終軍入關棄繻而去于以廓襟度於神

聖法易簡於乾坤言大漢人主包涵天下與乾坤同量易乾以易知坤以簡

能尤又有函谷關銘曰函谷險要襟帶喉咽日從季老留作二篇孟嘗離秦奔發東征夜造稽疑譎以雞鳴范雎將入自盛以囊元鼎革移錯之新安舍彼西阻東即高原長墉重閣開固不踰簡易易從與乾合符

大赦賦

崔寔字子真瑗之子後漢書有傳

唐虞之際省裁肆赦易稱君子以赦過宥罪謂過誤則赦有罪者寬宥之而已後世始有大赦本期除惡或至賞姦論者許之詳矣按漢書和帝十一年夏四月丙寅大赦天下此賦寔少年所作至桓帝時論事名曰政論

惟漢之十一年四月大赦滌惡棄穢與海內更始亹亹乎思隆平之進也寔是就而賦焉

以為五帝異世三王殊事然其承天據地興修法制一也陛下以苞天之[illegible]承前聖之迹朝乾乾於萬幾夕虔敬而厲惕言勤政也易曰君子終日乾乾夕惕若厲然猶痛刑之未措厥將大赦天下所以創太平之迹旗須聲之期新邦家而更始垂祉羡乎將來此誠不可奪也方將披玄雲慶雲也淮南子玄雲素朝照景星景星如半月獲嘉禾於疆畝周成王時唐叔得禾異畝同穎作嘉禾數蓂莢於階庭堯時蓂莢生於階隨月開落捫騏驎之肉

角麒麟瑞獸一角角端有肉聆鳳凰之和鳴天下有道則鳳凰至左傳鳳凰于飛和鳴鏘鏘農夫歡於時雨女工樂於機聲雖羲皇之神化尚何斯之太寧

夢賦　王延壽

周禮占夢以日月星辰占六夢之吉凶一曰正夢二曰噩夢三曰思夢四曰寤夢五曰嘉夢六曰懼夢又大卜掌三夢之灋一曰致夢二曰觭夢三曰咸陟夢註夏殷周所占夢之法也

後漢文苑傳王延壽字文考南郡宜城人有雋才曾有異夢意惡之乃作夢賦自厲年二十四過漢江溺水而死

臣弱冠嘗夜寢見鬼物與臣戰漢以前對人稱臣僕率以為常後世非君前不稱臣弱冠二十歲遂得東方朔與臣作罵鬼之書此書不傳臣遂作賦一篇敘夢後人夢者讀誦以卻鬼數數有驗臣不敢蔽其詞曰余宵夜寢息乃忽有非常之物夢焉其為夢也悉覩鬼物之變怪則有蛇頭而四角魚尾一作首而鳥身或三足而六眼或龍形而似人山海經南禺之山其神龍身而人面羣行而奮搖忽來到吾前伸臂而舞手意欲相引牽於是夢中驚怒腷臆紛紜腷臆怒氣填胷也腷音逼曰吾含天地之淳和何妖孽之敢臻爾乃揮手振一作奮拳雷發電舒斮游光斮猛猪一作蹴斮側畧反斮斫亦斬也左傳

公子彭生之魂豕人立而啼為批䵺毅䵺一作佛字本作䨺父沸反佛佛怪獸狀

所魅虛揹魍魎說文魅老精物也音媚虛耗鬼也國語木石之怪夔蝄蜽

拂諸渠撞縱目打三顱撲苕蕘蕘一作䠩䠩臭玉篇剽輕為害之

鬼扶䕮䰕東京賦作䕮䰕扶丑乙反搏睍睆蹴睢盱音吁徂剖

列蹷掣猲孽劓尖阜踏赤舌拏傖崢䆛毛獰揮髯

鬤多䰄而禿髮鬡許鋯反自遊光而下至鬅鬤皆鬼物名李善文選注諸鬼說者各異似不

必深辨於是手足俱中捷獵攉拉拉人合反折也澎濞跌

抗澎音彭濞音淠羣隊奔迸如水潰跌徒結反抗虞猷反顛仆不安也流揩倒批

笞強梁捶捋㪚撥撩予揔𣛧黠施䫌䫌一作頟䫌贖抨橙

乾撥子寸反猶擠也左傳撥衛侯之手撩音僚𣛧古結反額五怪反贖五拜反鬼之䭬黠頑

惡者從而持捉之橙即杜宇抨乾皆擊打之稱於是羣邪衆魅駭擾遑

遽煥衍叛散乍留乍去變形瞪眄瞪音耕反怒目直視也

顧望猶豫吾於是更奮奇譎肘捧獲嘖扼撓峴

捷扼一作振撓乎毛反擒也咿嚘批𢷾嘖𢷾音獲本作嚍嘖嘖音責其不去者又

從而捉獲批捷加以叱咤於是三三四四相隨俍傍而歷僻

俍音浪俍傍行不正貌僻音闢歷僻猶辟易也礲礲磕磕搚齊亥一作精氣

充布搚慈昔反亥讀作駭詻詻譽譽譽一作嚳嚳鬼驚魅怖或盤

蹣而欲走或拘攣而不能步或中瘡而宛轉或

捧痛而號呼去声奄霧消而光散寂不知其何故

惕繫辭知幽明之故嗟妖邪之怪物敢干真人之正度人京

天地之真氣守君子之正行妖物何為敢干以終前意耳聊嘈而外即忽屈伸而覺寤於是雞知天曙而奮羽忽嘈然而自鳴鬼聞之以迸失失讀作佚佚走也心慴怖而皆驚亂

曰齊相夢物而以霸兮夢物未詳管子桓公北伐孤竹見人長尺而人物具馬走馬前集公大惑管仲曰伯王之君興而登山神見又準于桓公田於澤見鬼馬齊士有皇子告敖者曰澤有委蛇其大如轂其長如轅紫衣而朱冠見之者治乎霸桓公笑曰此寡人之所見者也夢恐是寤字周禮寤夢謂因覺時所見而夢與古寤字相類

感得賢佐兮尚書高宗夢帝賚予良弼求得傅說周夢九齡年克百兮禮記武王夢帝與我九齡文王曰我百爾九十吾與爾三焉

晉文監腦國以竟兮竟一作競左傳僖二十八年晉侯夢與楚子搏楚子伏己而監其腦子犯曰吉我得天楚伏其罪遂戰楚師敗績

老子役鬼為神將兮葛洪神仙傳李耳以周武王時為柱下史時俗見其久壽故號老子所出度世治鬼養性絕穀變化有使鬼之法

轉禍為福永無恙兮說文恙憂也恙余亮反一云恙噬虫能食人心故無憂患者謂之無恙

王孫賦

徐類以況小人之輕黠便捷者卒以慾心發露受制於人徐堅初學記載此文間有音而無釋茲畧較補未詳者闕之

原天地之造化實神偉以屈奇道玄微以窈妙信無物而不為有王孫之狹獸狹即狎字一作狡形陋觀而醜儀頹狀類乎老公軀體似乎小兒[illegible]

䁆以䀝卩一作䁆睢音崔䁆五流反血䀝許律反皆䁆子不正貌視䁫睫

以䀴䁥䁫音戢睫側䀴呼悅反䁥呼迷反顧䀴不定突高匡而曲

頞睘儇一作瞑歷而䁻離頞音遏額也睘古辨反開目也䁥呼歷反瞑歷

驚視狀睘許緑反輕疾也䶎䶎鼩以䶏䶏䶎音封鼩呼侯反䶏音吸䶏許夾反

皆鼻息聲耳聿役以嘀知嘀一作適並音摘口嗛呥以𪘲齺

嗛呼忝反呥之冉反咀嚼狀𪘲側咸反齺七角反有齒無牙狀脣皺嗒以䏚䏚

皺沙嗒反嗒而攝反閉口貌皴足卑反䏚如卑反開口貌齒崖崖以齴齴崖本

作齵五街反齗反齾貌魚塞反露齒貌嚼唯嘹而囁𠱗唯音恐嘹音冉囁之涉反𠱗音

𠱗並口動貌儲糧食於兩頰稍委輸於胃脾踡兒蹲

而狗踞蹬具貧反蹬弱不中也聲歷鹿而喔咿喔音渥咿音伊強顔

作聲楚詞喔咿嚅唲以事婦人或噧噧而嗀嗀噧音隔又音客一作嚻嚻嗀許

角反歐吐聲左傳君將嗀之又適嬰嗔一作其若啼姿嘀音摘嬰音嗔

偆傞而抵捴一作贑傞呼店反贑音貢谽玗閲以瓆醓閲許

激反醓呼啼反醓醋也顧視不常忽若吸酸瓆瓆眉目眙睕睱而曉睗眙敕

吏反睆於阮反睒子公反伺視也覽音覔睗音錫眖瞅瞲而踧跾眖音院瞅

而兖反䡓音軟踧音蹴跾音皆一作踼皆言形狀乖劣生深山之茂林處

嶄巖之嶔崎嶄鋤銜反崎知奇反嶔崎危峻之山性𤞽憒以獝疾

態峯出而横施𤞽即僄字憒音蹟獝音十言僄狡輕迅也横去聲緣百

伺之高木攀窮枭之長枝背牢落之峻嶝臨不

測之幽溪尋柯條以宛轉或捉腐而登危腐枯枝也

若將頹而復著，紛紬紬（一本上作紬竹律反，下作紬丑律反）以陸離，或羣（一作羣）跳而電透，爪懸而鈌垂（倒了字丁了切）。懸物貌，以足掛木，汝如瓜瓠之懸繫。上觸手而挐攫，下值（一作對）足而登趴（趴即趴字，芳遇反，說文：趴趍趑貌，言手足便捷），互攀攬以狂接。

象儵聯而奄赴（儵即倏字，儵忽出莊子；聯即聯字，書刃反，子虛賦儵聯清涮皆）疾皃。時遼（一作寥）落以蕭索（時乎寧息），乍睥睨以容與（睥普計反，睨魚計反，邪視也）。或蹢（一作躅）跌以跳迸，又咨陬而攢聚（蹢與躑同，又隻反；跌右冗反；陬將侯反。羣居也，羣隊跳擲，迸逸忽又攢聚一處），扶嶔崟以槺樣（一作陳掾），躡危臬而騰舞，忽踊逸而輕迅。

羌難得而䙰縷（史記貨殖傳槺掾其間得所欲，司馬貞注掾逐緣反，槺掾猶經營紬逐也。臬五結反，門橜也，此謂枯木之無枝節者。䙰縷，委曲也，言圍山馳逐，異以捕之，乃登高木舞躍自喜，忽又走佚，終難捕獲，捕者委曲多方耳。左太沖吳都賦：羌難得而䙰縷。䙰音螺）。

同甘苦於人類，好餔糟以歠醨（歠昌悅反，醨音離，薄酒也。楚詞：餔其糟而歠其醨），乃置酒於其側，競爭飲而踊馳（踊火緣反）。急疾也。顛陋酗以迷醉，矇眼睡而無知（顛火動反，酗火候反。着酒顛頓狀。矇莫孔反）。蹇鬖鬖以緤（一作盧）縛，遂纓絡而羈縻（蹇與暫同，不久也；鬖子公反，毛乱也；緤火結反。謂以繩索繫縛。世傳取猩猩之術，以酒誘之，與此相類），歸鑠繫於庭廄，觀者吸呷（一作呷）而忘疲。

誚青衣賦

張超（後漢文苑傳：河間鄭人，超字子並，留侯之後）

舊編載青衣賦以為蔡伯喈文豈少年時所為耶志蕩詞淫不宜玷簡冊以有譏之者故附見之其詞云金生砂礫珠出蚌泥歎茲窈窕散在卑微盼倩淑麗皓齒蛾眉縱橫接髮葉如低葵綺袖爪裳躡蹈絲扉盤蹈躐蹀坐起低昂和暢善笑動揚朱唇都冶嫵媚卓躒多姿精惠小心趍事如飛中饋裁割莫能雙追關睢之潔不陷邪非察其所履世之鮮希宜作夫人為衆女師伊何爾命在此賤微代無樊姬楚莊晉妃減昔鄭季平陽是私故因錫國歷爾邦畿雖得嫌娩舒寫情懷寒雪續紛充庭盈階兼裳累鎮展轉倒頹昒昕將曙雞鳴相催飾駕趣嚴將舍爾乖矇冐矇冐思不可排張子並同時人規儆備至俾之思愆可謂益友矣

彼何人斯詩巷伯蘇公之篇皆有此句不指名其人蓋鄙疾之也悦此豔

咨麤辭美譽雅句斐斐文則可佳志卑意微鳳兮鳳兮何德之衰高岡可華何必棘茨醴泉可飲何必洿池隨珠彈雀堂溪刈葵鳳喻詞人棘茨洿池喻青衣隋侯之珠堂溪之金以為劍皆可寶者用之彈雀刈葵則自輕甚矣莊子以隋侯之珠彈千仞之雀淮南子官人得戟則以刈葵鴛鶵啄鼠何異乎鴟鵷鸞非竹實不食腐鼠乃鴟鶚所求事見莊子歷觀古今禍福之階多由孽妾逐妻書戒牝雞泰誓牝雞之晨惟家之索詩載哲婦哲謂多智詩哲婦傾城懿厥哲婦為梟為鴟三代之季皆由斯起晉獲驪戎嬖懷恭子晉獻公伐驪戎獲驪姬以歸公嬖之卒乱晉國恭太子申生縊死諫公圍有夏取仍覆宗絕祀據楊雄宗正箴太康不恭有仍二女五子家降見弒

善謂太康爲羿所逐而失國左傳則曰有仍氏女髮光可鑑后夔取之生伯封貪婪無猒羿滅之夏亦恐是變字叔肸納申聽聲狼似叔向娶申公巫臣之女生伯石其母往視之及堂聞其声而還曰是豺狼之声也喪羊舌氏矣肸叔向名穆子私庚
豎牛餒巳叔孫穆子私庚宗之婦人生子曰牛使爲豎後爲乱穆子餓死黃歇
之敗從李園始李園進妹於春申君黃歇後因作乱殺歇魯受齊樂
仲尼逝矣季桓子受齊女樂孔子行文公懷安姜笑其鄙晉文公之未反國也安於齊姜氏勉之曰子必有晉君何懷安與子犯謀醉而載之以行周漸
將衰康王晏起畢公喟然深思古道感彼關雎
性不雙侶願得周公妃音配以窈窕防微消漸諷
諭君父周南關雎毛氏傳后妃之德也齊韓魯三詩皆以爲康王晏朝關雎刺之漢時

三詩未立於學官故漢儒所引多以爲刺孔氏大之列冠篇首夫子刪詩以關雎冠三百篇
晏嬰潔志不顧景女晏嬰字平仲事齊靈莊景三君後爲景公相公與之邑欲更其宅及妻以女皆辭弗受乃雋不疑奉霍不
受漢書雋不疑字曼倩声名重於朝廷大將軍光欲以女妻之不疑固辭不肯當見尊
不迷況此麗豎景公霍光皆尊貴欲奉以女嬰不疑尚秉志不惑姊此賤者欲屑就乎深請之也
三族无紀綢繆不序蟹行索妃蟹斜行妃音配
旁行求偶昏無媒理宗廟無主無主其祭祀也門戶
不名依其在所生女爲妾生男爲虜奴虜也歲時
醻祀請其先祖或於馬廄廚間竈下下楚詞叶音戶東
向長跪接狎觴酒悉請諸靈僻邪無主無定主也多

乞少出銅、鐵柱積繒累億皆來集聚細碎之物隨得而聚婢之常態嫡、歡心各有先後臧獲之類言凡民男而娶婢曰臧女、婦奴曰獲蓋不足數古之贅婿尚猶塵垢秦法家貧子壯則出贅況明智者欲作奴父勤節君子無當自逸宜如防永守之以一秦繆思諐故獲終吉逸與佚同謂淫佚也諐與愆同尚書秦誓曰則罔所諐取其悔過也

古文苑卷第六

古文苑卷第七

賦十一首

漢津賦 蔡邕 字伯喈陳留圉人後漢書有傳

漢為四瀆之一都道所湊為津說文曰津渡也

夫何大川之浩浩兮洪流淼以玄清配名位乎天漢 天漢雲漢也詩倬彼雲漢為章于天蕭何傳語曰天漢淼音眇 披厚土而載形登源自乎嶓冢引漾灃而東征 禹貢嶓冢導漾東流為漢漾水出隴西氐道東流過武關山南為漢禹治漾水自嶓冢始 納陽谷之所吐兮 謂日也漢之源在西云納日 兼漢沔之殊名 沔水出武都東南大江漢上曰沔如淳曰北方人謂漢水為沔水 總畎澮之羣液演西土之陰精遇萬山以左迴兮 萬一作曼山名在南郡襄陽西九里麗元注水經云漢水東經萬山北 旋襄陽而南縈 經襄陽而南行 切大別

之東山兮與江湘乎通靈禹貢至于大別南入于江沔古曰鄘大別山所南入江湘水出興安縣零山北入江嘉清源之勢體兮澄澶湲澶湲然夕澶湲猶潺湲以安流鱗甲育其萬類兮蛟龍集以嬉遊明珠胎于靈蚌兮夜光潛乎玄洲夜光之珠玄洲在深之崖也雜神寶其充盈兮豈魚龜之足收珠貝所蓄它水族不足道於是遊目騁觀南援三州北集京都三州徐揚荊也淮水所經京都漢京河南郡也由淮入河自河以涯雒陽上控隴坻下接江湖孔穎達書正義地理云漢水出隴西氏縣縣至武都為漢水禹貢南入于江東匯澤為彭澤導財運貨懋遷有無既乃風焱蕭瑟勃焉並興揚侯沛以奔騖洪濤漫而沸騰願乘流以上下商估往來乘淮水而上下貿遷便利窮滄浪乎三澨觀朝宗之形兆看洞庭之交會禹貢又東為滄浪之水過三澨又江漢朝宗于海又曰東流為漢又東為滄浪之水過三澨東匯

筆賦

古者簡牘畫以鉛槧至秦蒙恬始製筆釋文筆述也述事而書之

惟其翰之所生于季冬之狡兔兔經霜則毫健性精亟以標悍體遄迅以騁步兔性若此毫之輕健勁捷似之宜製以為筆削文竹以為管加漆絲之纏束形調搏以直端染玄墨以定色畫乾坤之陰陽讚宓皇之洪勳宓羲始畫八卦敘五帝之休德揚蕩蕩之明文堯蕩蕩乎民無

三王之功伐兮表八百之肆覲（武王至孟津諸侯不期而會者八百國）傳六經而綴百氏兮建皇極而序彝倫綜人事於晻昧兮贊幽冥於明神象類多喻靡施不協上剛下柔乾坤位也新故代謝四時次也圓和正直規矩極也玄首黃管天地色也（易天玄而地黃）

彈碁賦

（沈存中筆談西京雜記云漢元帝好蹴踘以蹴踘為勞求相類而不勞者遂為彈碁之戲予觀彈碁絕不類蹴踘頗與擊踘相近疑是傳寫誤耳其局方二尺中心高如覆盂其巔為小壺四角微隆起今大樂天詩彈碁局上事最妙是長斜長斜謂抹角斜彈一發過半局今譜中具有此法）

榮華灼爍蕚不韡韡於是列象雕華逞麗豐腹斂邊中隱四企（魏文帝彈碁賦云豐腹高隆庳根四頹）輕利調博易使馳騁然後我製兵碁兮騖或風飆波動若飛若浮不遲不疾如行如留放一弊六功無與儔（此即長斜也魏文帝賦云緣邊間造長斜迭取）

短人賦

侏儒短人僬僥之後（國語僬僥氏長三尺短之至也）出自外域戎狄別種（上文注僬僥西南蠻之別也）去俗歸義慕化企踵遂在中國形貌有部名之侏儒（東方朔傳侏儒長三尺餘奉一

囊粟生則象父唯有晏子在齊辯勇匡景拒崔加
刃不恐晏嬰長不滿六尺事齊景公常直諫匡救之初崔杼弑莊公晏子入枕尸而哭
人謂崔杼必殺之杼曰民之望也舍之得民崔杼盟國人於大宮晏子仰天而哭曰嬰所不唯
忠於國利社稷者是與有如上帝後竟滅崔氏晏子非侏儒比以古賢為戲非所以為詆其
餘尫公劣厥僂窶嘖嘖怒語與人相拒矇眛嗜
酒喜索罰舉醉則揚聲罵詈恣口衆人患忌難
與共侶是以陳賦引譬比偶皆得形象誠如所
語詞曰雄荆雞兮鶖鷿鶇鶻鳩雛兮鶉鷃嶋冠
戴勝兮啄木兒觀短人兮形若斯熱地蝗兮蘆
即且子如反似蝗而大腹菡中踊兮蠢蠕須踊今作踊踴音而蚕之傷
人病縮者視短人兮形若斯木門閫兮梁上柱江南人呼
梁上矮柱為侏儒弊鐅頭兮斷柯斧鞞鞨鼓兮補履樸
脫柄椎兮擣薙柞視短人兮形如許

浮淮賦

王粲字仲宣漢末人為魏侍中有文集

魏志建安十三年曹公自江陵征劉備至赤壁與備戰不利十四年至譙
治水軍秋七月自渦入淮出肥水軍合肥子平是時為漢五官中郎將粲
為丞相掾從曹公東征

魏文帝賦序云建昌十四年王師自譙東征大
興水軍浮舟萬艘時余從行始入淮口行泊東
山覩師徒觀旌帆赫哉盛矣雖孝武盛唐之狩

舳艫千里（武帝紀元封五年冬南巡狩至于盛唐自尋陽浮江親射蛟龍中獲之舳艫千里作盛唐之歌）殆不過也乃作斯賦云命粲同作（文帝賦不全）

從王師以南征兮浮淮水而遐逝背渦浦之曲流兮望馬丘之高澨（濠州界有馬丘聚澨水邊高土）泛洪櫓于中潮兮（櫓戰船上敵樓淮與海通故有潮）飛輕舟乎濱濟建衆檣以成林兮譬無山之樹藝（檣船上桅竿）於是迅流興潭濃濤波動長瀨鉦鼓若雷旌麾翳日飛雲天迴蒼鷹飄逸（舟楫遇順風如雲之飛天如天迴旋士卒駕舟如蒼鷹之勁疾）滂沛汹溶遞相競軼飛鶩波以高騖馳駭浪而赴質加舟徒之巧極美榜人之閑疾（舟徒水軍榜人行舟者閑謂習閑）白日未移前驅已届羣帥按部左右就隊軸轤千里名卒億計運茲威以赫怒清海隅之蔕芥（指吳人也是年孫權圍合肥與劉備結好備猶未有蜀）濟元勳於大舉垂休績乎遠裔

羽獵賦

（摯虞文章流別論云建安中魏文帝從武帝出獵賦命陳琳王粲應瑒劉楨竝作琳為武獵粲為羽獵瑒為西狩楨為大閱凡此各有所長粲其最也此賦首尾有闕文以粲集補）

濟漳浦而橫陣（清濁二漳水皆出上黨合流入魏郡曹公攻袁尚嘗決漳水而）

灌鄴城倚紫陌而並征樹重置於西址列駿騎乎北垌遵古道以游豫兮孟子一游一豫為諸侯度昭勸助乎農圃因時隙之餘日兮陳苗狩而講旅左傳春蒐夏苗秋獮冬狩皆於農隙以講事也相公乃乘輕軒相公指操時粲為丞相掾輕軒輶車也駕四駱白馬黑鬣曰駱詩駕彼四駱掛流星矢名屬繁弱弓名力重千斤周武王之戎弓也選徒命士威興竭作周禮小司徒凡起徒役唯田與追胥竭作旌旗雲擾鋒刃林錯揚輝吐火曜野蔽澤山川於是乎搖蕩草木為之摧落禽獸振駭蒐亡氣奪舉首觸絲搖尾遇撻陷心裂胃潰頸破頰粲集作類音渴鷹犬競逐奕奕霏霏下韝窮

紲搏肉噬肌墜者若雨子虛賦獲若雨獸去聲僵者若坻詩如坻如京鄭氏箋坻水中之高地也清野滌原莫不殲夷

柳賦

魏文帝柳賦序云昔建安五年上與袁紹戰於官度時余從行始植斯柳自彼迄今十五載矣感物傷懷乃作斯賦蓋命粲同作

昔我君之定武指曹公也左傳武有七德保大定功致天屆而徂征元子從而撫軍謂子從行左傳冢子從曰撫軍守曰監國植桂木于茲庭歷春秋以踰紀行復出於斯鄉覽並樹之豐茂紛旖旎以脩長枝扶疏而覃布莖槮揱以奮揚人情感於舊物心惆悵以增慮行游目

所廣望觀城壘之故處悟元正之話言機忠是年正月操軍于官渡四月破紹軍於延津南歷舊日管壘之地因念當時系陪軍政猶記其話言信思難而存懼思征戰之事而存戒懼嘉甘棠之不伐以擬此樹棠言上人感曹公之德如召南之思召伯故不翦伐畏敢累於此樹今當祗畏而愛護之苟遠跡而退之豈駑駘而不屢倘遠舊跡退而不顧雖屢經從矣關感慨

思親賦

陸機

晉書陸機字士衡吳郡人也父抗吳大司馬抗卒領父兵為吳牙門將大康中與弟雲俱入洛累遷為太子洗馬著作郎機生於吳中仕晉西洛陽去鄉社遙邈又遭時變亂不克祠祀其親作賦以述思念之情

悲桑梓之悠曠愧蒸嘗之弗營井社植桑梓以為表識悠曠言隔遠也蒸嘗謂四時之祀指南雲以寄欽望歸風而効誠嗟歲俄其聿暮明星爛而將清迴飆肅以長赴零雲紛其下穨身寓洛陽而親之墳墓在吳中思因風雲之便以寄吾誠敬由歲至暮自夕至明風雲變態不常辛無可以寄吾情者羨纖枝之在幹悼落葉之去枝存顧復之遺志感明發之所懷父母猶根幹子孫猶枝葉詩顧我復我欲報之德又詩明發不寐有懷二人兄瓊芳而蕙茂弟蘭發而玉暉感瑰姿之晚就痛慈景之先違晉書陸雲字士龍少與兄機齊名號曰二陸為吳王郎中令出宰浚儀有惠政言兄弟才美相映所恨成就之晚不及奉養其慈親猶曾子得祿三千鍾而悲也

白髮賦

左思（晉書字太冲齊國人少博覽文史）

（譏後世俗薄貴少而賤老雖血肉至親晚景或相棄背也）

星星白髮生於鬢垂（星星明貌垂邊也三邊亦謂之三垂）雖非青蠅穢我光儀策名觀國（策名謂名書策牘也易觀國之光利用賓于王）以此見疵將拔將鑷好爵是縻（易我有好爵吾與爾縻之）白髮將拔惄然自訴稟命不幸值君年莫偪迫秋霜生而皓素始覽明鏡惕然見惡朝生晝拔何罪之故子觀橘柚一皜一曄貴其素華匪尚綠葉願戢子之手攝子之鑷咨爾白髮觀世之途靡不追榮貴華賤枯赫赫閶闔藹藹紫廬（閶闔天門也紫廬紫微之庭天帝之居也）弱冠求仕（男子二十曰弱冠）童髫獻謨甘羅乘軫（史記甘羅年十二秦以車五乘遣使趙還為上卿）子奇剖符（說苑子奇十八齊使為東阿宰有善績古[illegible]宰銅章墨綬）英英終賈高論雲衢（漢書終軍年十八詣長安上書言事賈誼年二十餘文帝召為博士）拔白就黑此自在吾白髮臨拔瞋目號呼何我之冤何子之娛甘羅自以辨惠（合作彗）見稱不以髮黑而名著賈生自以良才見異不以烏鬢而後舉聞之先民國用老成二老歸周周道肅清（孟子一老者天下之大老也而歸之言呂尚伯夷歸文王周之王道以成周書求清四海）四皓佐漢漢德光明（商山四皓從太子之招輔惠帝入朝儲貳之位以定）何必去我

然後要榮洛介白髮事故有以爾之所言非不

有理暴貴者見老今薄舊齒皤皤榮期皓首田里

列子榮啓期年九十行乎郕野披鹿裘帶索鼓琴而歌又見家語雖有二毛河

清難俟左傳不禽二毛又俟河之清人壽幾何道時之變見歎孔

子易隨時之義大矣哉髮乃辭盡誓以固窮昔臨玉顏今

從飛蓬髮膚至昵尚不克終聊用擬辭比之國

風

枯樹賦　庾信

此賦有碑本傳于世末題貞觀四年

十月八日為燕國公書又細書其旁

九肆伯陸拾柒字其後跋云右枯樹

賦二卷乃褚河南真跡也按徐浩書

品云中宗時内出二王墨帖三十卷

賜中書令楚宗客宗客裝作屏風十

二扇以褚遂良枯樹賦為腳魏鄭公

嘗謂遂良下筆 勁甚得逸少體質

二說以驗此賦及字勢雖無姓氏信

為河南書不誣矣熙寧四年三月三

十日丹楊蘇頌子容題舊編字

畫未免有差今一以碑本為正

殷仲文風流儒雅海内知名代異時移出為東

陽太守常忽忽不樂顧庭槐而歎曰此樹婆娑

生意盡矣晉書殷仲文有才藻美容貌仲文之妻桓玄之姊也玄篡位以佐命親

貴帝初反正抗表自解乞待罪私門詔不許因月朔與衆至大司馬府府中有老槐樹顧之良

久而歎曰此樹婆娑無復生意忽遷為東陽太守意彌不平後伏誅桓玄以溫為大司馬玄既

誅東故仲文見其庭槐而嘆與賦所述稍異至如白鹿貞松敦煌郡晉松縣

漢武帝置南山有松陝縣南十里有台鹿塞地多古松白鹿棲息其下因而得名見十三州記）青牛文梓（錄異傳曰秦文公伐雍州南山文梓木有青牛出走豐水玄中記云千歲木精為青牛史記作伐南山大梓豐大特）根柢盤魄山崖表裏桂何事而銷亡（漢武帝作賦以悼李夫人其辭曰秋氣憯以淒戾兮桂枝落而銷亡）桐何為而半死（枚乘七發云龍門之桐高百尺而無枝其根半死半生）昔之三河徙殖（史記唐人都河東殷人都河內周人都河南夫三河在天下之中）九畹移根（楚詞余既滋蘭之九畹蘭據此則木蘭也）開花建始之殿（曹操建始殿起于洛陽）落實睢陽之園（九域志睢陽郡有梁孝王東苑方三百里苑園中有百靈山鴈池脩竹園）聲含嶰谷曲抱雲門（漢書律曆志伶倫取竹之嶰谷制十二筩以聽鳳鳴周禮大司樂雲門之舞注雲門黃帝樂言木中含抱自然之律

呂）將雛集鳳比翼巢鴛臨風亭而唳鶴對月夜而吟猨（以上木之得地茂盛時猶人之年少富貴時也）乃有拳曲擁腫盤坳反覆熊彪顧盻魚龍起伏節竪山連文橫水蹙（皆古木怪形狀）匠石驚視公輸眩目（匠石公輸班並古之良工見而異之）雕鐫始就剞劂仍加平鱗鏟甲落角摧牙重重碎錦片片真花紛披草樹散亂烟霞（皆形容木中之文）若夫松子古度平仲君遷（[illegible]木名也古度木不華而實子皆從皮中出大如安石榴正赤初時可煑食平仲木子如瓠形在太沖吳都賦木則楓柙豫章平仲君遷松梓古度注以松梓為二木今作松子蓋結實可食者出南海）森梢百頃槎枿千年（東京賦山無槎枿枿即枿字五割反舊本作枿非）秦則大夫

受職秦始皇東封泰山風雨驟至避于松下因封為五大夫漢則將軍坐馬東漢馮異獨屛樹下軍中號為大樹將軍莫不苔埋菌壓鳥剝蟲穿低垂於霜露撼頓於風烟東海有白木之廟西河有枯桑之社北陸以楊葉為關南陵以梅根作冶四方廟社關治有因木得名者今何在名則長存伊尹生於空桑豈西河地邪小山則叢桂留人淮南王安招隱序曰招隱士者淮南小山之所作也其詞云桂樹叢生兮山之幽又云攀援桂枝兮聊淹留扶風則長松繫馬劉琨扶風行繫馬長松下發鞍高岳頭豈獨城臨細柳之上塞落桃林之下漢周亞夫屯細柳以備胡據匈奴傳在長安城西左傳晉侯使詹嘉以守桃林之塞若乃山河阻絕飄零離別拔本垂淚人之失國喪家流離異域猶木之拔其本根移徙它處秦虜王遷徙之漢中房陵遷思故鄉為山木之謳聞者莫不墮淚見淮南子傷根流血魏志注曹瞞傳曰王使工蘇越徙美梨掘之根傷盡出血火入空心膏流斷節橫洞口而欹臥頓山要而半折文衺者合體俱碎要與腰同衺古邪字理正者中心直裂戴癭銜瘤癭瘤因木被傷結成癭瘤大如栲老車輪者剖之有文藏穿抱穴木魅睗睒山精妖孽睗施隻反睒失冉反疾視貌木之妖化為罔魅能變形覿視人鮑照蕪城賦木魅山鬼況復風雲不感易雲從龍風從虎君臣會遇如風雲之感召羈旅無歸未能採葛還成食薇采能効職於君困於祿養周詩采葛鄭氏箋采葛喻以小事使出史記夷齊采薇而食之沉淪窮巷蕪沒荊扉既傷搖落彌嗟變

[illegible]處困躓憔悴之際猶[illegible]之摧折枯朽時也猶淮南云淮南子劉安所爲書木

葉落長年悲斯之謂矣乃爲歌曰建章三月火

項羽至咸陽燒秦宮室三月火不滅漢武帝柏梁宮災越人勇之言當大起宮室以厭勝之於

是作建章宮黃河千里槎博物志有居海島者每年見浮槎往來不失期遂賫

粮乘槎任其所之至牽牛女星然後知黃河與天漢通若非金谷滿園樹

即是河陽一縣花言今之煨燼漂流者即前日之清蔭而繁花者也石季倫

金谷園潘岳爲河陽令滿縣栽桃花桓大司馬聞而歎曰昔年移

柳依依漢南今看搖落悽愴江潭樹猶如此人

何以堪桓温自江陵北行經少時所種柳處皆十圍泫然嘆曰木猶如此人何以堪仲

文爲東陽太守在桓玄既敗之後信因其興嘆庭槐而賦末乃謂其父聞而興嘆蓋援詞以明

意也

遊後園賦　謝朓

朓集云奉隨王教作齊書朓字元暉爲隨王鎮西功曹轉文學隨王齊武

帝子也名子隆須鎮荊州

積芳兮選木園林叢集衆芳遴選佳木植之幽蘭兮翠竹上蕪

蕪兮蔭景下田田兮被谷左蕙畹兮彌望右芝

原兮寫目山霞起而削成孫綽天台山賦赤城霞起以標建山海經

大華山削成而四方水積明以經復於是敞風闥之譪譪

聳雲館之迢迢周步檐以升降對玉堂之沉寥

追夏德之方暮望秋清之始飈藉宴私而遊衍

時□謂□而逍遙詩向興指語鄭氏曰昭語對也爾乃日栖榆柳霞照夕陽孤蟬已散去鳥成行惠氣湛兮帷殿肅清陰起兮池館涼陳象設兮以玉瑱設器玩之屬瑱花耳也象設陳前以玉為瑱言耳目所接無非珍異國語以覡為瑱詩玉之瑱也象之揥也披蘭籍兮咀桂漿典籍薰以香草披玩以明其芳潤仰徽塵兮美無度奉英軌兮式如璋徽塵英軌言隋王之風儀詩彼其之子美無度孔氏曰不可以尺寸量也左傳思我王度式如玉詩如圭如璋籍高文兮清談預含毫兮握芳眺自謂則觀海兮為富乃游聖兮知方孟子觀於海者難為水游聖人之門者難為言假此言王門之文章之富奉命難於措辭

古文苑卷第七